LE DÉPARTEMENT DU MONT-BLANC

Circonscriptions, Organisation
et
Personnel administratif de la Savoie

de 1792 à 1815

Par GABRIEL PÉROUSE
Archiviste de la Savoie

CHAMBÉRY
IMPRIMERIES RÉUNIES
1925

LE DÉPARTEMENT DU MONT-BLANC

Circonscriptions, Organisation
et
Personnel administratif de la Savoie

de 1792 à 1815

Par GABRIEL PÉROUSE

Archiviste de la Savoie

CHAMBÉRY
IMPRIMERIES RÉUNIES

1925

LE DÉPARTEMENT DU MONT-BLANC

CIRCONSCRIPTIONS, ORGANISATION ET PERSONNEL ADMINISTRATIF DE LA SAVOIE DE 1792 À 1815

PREMIÈRE PARTIE

FORMATION, DÉLIMITATION ET SUBDIVISIONS DU DÉPARTEMENT DU MONT-BLANC

I. — Formation et délimitation du département

Le département du Mont-Blanc ne s'est pas formé dans les mêmes conditions que les autres départements dont les Constituants, en 1790, avaient tracé les limites respectives en remaniant toute la carte du royaume. Au contraire, quand fut annexée la première conquête de la Révolution, il n'y eut pas de délimitation à établir. Il ne s'agissait que de la Savoie, telle qu'elle existait alors, et il s'agissait de la Savoie tout entière lorsque, le 27 novembre 1792, « la Convention nationale décrète que la Savoie formera provisoirement un quatre-vingt-quatrième département sous le nom de département du Mont-Blanc ».

Ce nom, puisqu'il devait être pris d'un élément géographique, s'imposait en effet. Mais on va voir que plus tard, le 17 février 1800, en remaniant les limites du département, on le diminua de cinq cantons ; il perdit alors la montagne dont il continua ensuite de porter le nom et qui passait au département du Léman. Le Mont-Blanc n'était plus dans le Mont-Blanc. Il y eut un préfet à Chambéry pour s'en plaindre, par lettre du 20 février 1804, au ministre de l'Intérieur ; il demandait qu'on rendit le Mont-Blanc ; le 12 mars, le ministre lui répondait : « En général, le Gouvernement répugne à faire des changements à la division actuelle de la France, et ce ne serait que d'après les plus puissantes considérations qu'il pourrait s'y déterminer. Dans le cas particulier, le Mont-Blanc ne pourrait être enclavé de nouveau dans votre département qu'au moyen d'une sorte d'excroissance d'une forme très irrégulière. Le Mont Blanc, d'autre part, étant moins un mont qu'une chaîne de montagnes, il importe assez peu qu'ayant déjà dans votre département une portion considérable de cette chaîne, vous en enclaviez encore la partie qu'on appelle coupole ou dôme. Je ne pense donc point, citoyen Préfet, qu'il soit, du moins quant à présent, convenable de donner suite à votre demande et d'en entretenir le Gouvernement. »

Quant au chef-lieu du nouveau département, la Convention ne le fixait pas. Chambéry avait toujours été la capitale de la Savoie, et demandait à le rester, mais Annecy eut aussi des prétentions et de puissants appuis. Entre les deux rivales, la lutte fut très vive, on échangea des pamphlets violents ; l'un des quatre représentants du peuple envoyés par la Convention pour organiser le département, Philibert Simond, prêtre et ancien vicaire du diocèse d'Annecy, favorisait les ambitions de cette ville ; Amédée Doppet, autre Savoyard dont l'influence était alors considérable et qui avait joué un rôle dans les préliminaires de l'annexion, passait pour tenir le même parti. L'irritation contre eux était très forte à Chambéry, où l'agitation allait en grandissant quand enfin les quatre Commissaires de la Convention en firent le chef-lieu. C'est par leur proclamation du 29 janvier 1793 qu'ils notifièrent cette décision, « considérant que les opérations relatives à l'établissement du chef-lieu du département, ainsi qu'au nombre et à la distribution des districts et cantons, doivent avoir pour bases : 1° l'intérêt général des administrés ; 2° les rapports de ce département avec les puissances qui l'avoisinent ; 3° la sûreté politique de la République française, et que ces deux derniers motifs doivent même prédominer sur le premier toutes les fois que le commande le salut du peuple qui est la loi suprême ».

Les limites du nouveau département étaient donc les mêmes qu'avait eues le duché de Savoie, dont les frontières à l'est, du côté d'Italie et de Suisse, contre le Piémont, le Val d'Aoste et le Valais, en grande partie marquées par les crêtes des Alpes, étaient depuis longtemps fixées ; à cet égard, le traité du 15 mai 1796, par lequel le roi de Sardaigne renonçait à la Savoie, ne changea rien en réglant que « les limites entre les Etats du roi de Sardaigne et les départements de la République française seront établies sur une ligne déterminée par les points les plus avancés du côté du Piémont des sommets, plateaux des montagnes et autres lieux ci-après désignés, ainsi que des sommets ou plateaux intermédiaires, savoir, en commençant au point où se réunissent les frontières du ci-devant Faucigny, du duché d'Aoste et du Valais, à l'extrémité des Glacières ou Monts-Maudits : 1° les sommets ou plateaux des Alpes au-devant du col Major ; 2° le Petit-Saint-Bernard et l'hôpital qui y est situé ; 3° les sommets ou plateaux du Mont-Alban, du col de Crisance et du Mont-Iseran ; 4° en se détournant un peu vers le Sud, les sommets ou plateaux de Celst et de Gros-Caval ; 5° le grand Mont-Cenis et l'hôpital placé au sud-est du lac qui s'y trouve ; 6° le petit Mont-Cenis ; 7° les sommets ou plateaux qui séparent la vallée de Bardonnèche du Val des Près ; 8° le Mont-Genèvre »... Cette clause du traité innovait d'autant moins qu'on ajoutait : « si quelques communes, habitations ou portions de territoire desdites communes actuellement unies à la République française se trouvaient placées hors de la ligne de frontière ci-dessus désignée, elles continueront à faire partie de la République sans que l'on puisse tirer contre elles aucune induction du présent article ».

Du côté de Genève, la frontière avait été tracée par le traité passé le 3 juin 1754 entre le roi de Sardaigne et la République de Genève ; du côté de la France, par le traité du 24 mars 1760 entre les cours de Versailles et de Turin.

Ces limites, devenues celles du nouveau département, allaient subir, au cours de la période qui nous occupe, six modifications ; chaque fois le territoire du Mont-Blanc en fut diminué.

1° La ville de *Seyssel*, sur le Rhône, formait deux communes depuis que le traité du 24 mars 1760 avait réglé que le fleuve ferait frontière. Il y eut ainsi deux Seyssel, l'un français et l'autre sarde. En 1793, deux Seyssel encore ; l'un, sur la rive droite, appartenant au département de l'Ain ; l'autre, sur la rive gauche, qui faisait partie du Mont-Blanc, demanda à être rattaché au premier. Cette réunion fut prononcée par décret de la Convention du 9 mars 1794.

2° Après que la loi du 17 mai 1798 eut approuvé le traité de réunion de la République de Genève à la République française, on voulut faire de Genève un chef-lieu de département et lui donner un territoire. La loi du 25 août 1798 décida que le nouveau département du Léman serait formé du territoire genevois, de quatre cantons détachés du département de l'Ain, et de vingt-trois cantons pris au Mont-Blanc, savoir ceux d'*Annemasse*, *Arbusigny*, *Bonne*, *Bonneville*, *Bons*, *Carouge*, *Chaumont*, *Cluses*, *Cruseilles*, *Douvaine*, *Evian*, *Frangy*, *La Roche*, *Le Biot*, *Lullin*, *Notre-Dame-d'Abondance*, *Reignier*, *Samoëns*, *Taninges*, *Thonon*, *Thorens*, *Viry* et *Viuz-en-Sallaz*. C'était, pour le Mont-Blanc, une amputation grave. Il perdait plus du quart de son territoire et davantage encore en population.

3° On pensa pourtant qu'il était encore trop grand, et le Léman trop petit. La loi du 17 février 1800 lui enleva cinq autres cantons, qui passèrent au Léman, ceux de *Chamonix*, *Flumet*, *Megève*, *Saint-Gervais et Sallanches*. C'est alors qu'on perdit le Mont-Blanc.

4° Le 27 décembre 1807, Napoléon prenait à Turin ce décret : « Le plateau du Mont-Cenis et la portion des pentes de cette montagne qui sera ultérieurement circonscrite formeront le territoire d'une nouvelle commune qui sera nommée le *Mont-Cenis* ; elle dépendra du département du Pô. Les habitants de cette commune seront répartis en trois hameaux ; celui du centre sera placé près de l'hospice ; ceux des extrémités seront placés l'un à la Ramasse et l'autre à la Grand Croix... Les personnes qui voudront bâtir dans un des trois hameaux du Mont-Cenis recevront des alignements auxquels elles seront tenues de se conformer pour la partie de leur construction qui sera sur la route ; si le terrain sur lequel elles bâtiront n'est pas une propriété particulière, il leur sera cédé sans indemnité. Les habitants du Mont-Cenis qui y passeront les six mois d'hiver, du 1er octobre au 1er avril, ne seront assujettis ni à la contribution foncière, ni à la contribution mobilaire, ni à celle des portes et fenêtres, ni aux patentes... »

Cette chimérique fantaisie lésait beaucoup d'intérêts respectables. Les gens de Lanslebourg, aux dépens de qui la nouvelle commune devait être formée, protestèrent vainement. Mais les autorités locales, qui sentaient que cette innovation serait aussi vaine qu'éphémère, ne procédaient qu'avec lenteur à l'exécution du décret. Elles s'émurent quand, le 21 mars 1810, le ministre de l'Intérieur écrivit au Préfet qu'il pou[rr]ait être également à propos d'annexer au département du Pô toute la commune de Lanslebourg et même tout son canton. Le préfet protesta, alléguant entre autres motifs « celui qui résulte de la différence des mœurs et du langage qui existe entre les habitants du département du Pô et ceux de la haute Maurienne, motif qui mérite d'être pris en grande considération dans toute réunion de territoires quoique soumis au même gouvernement ». Enfin, le décret du 10 novembre 1810 se borna à fixer la délimitation de la commune du Mont-Cenis, en amputant Lanslebourg de son plateau, qui lui fut rendu à la restauration sarde.

5° La commune d'*Entremont*, dans le canton de Thônes, ayant demandé à être réunie à celui de Bonneville et à passer ainsi au Léman, le préfet du Mont-Blanc donna, par arrêté du 25 avril 1808, un avis favorable, mais il réclamait en compensation la commune d'Avregny, du canton de Frangy (Léman), pour l'unir à celle d'Allonzier, du canton d'Annecy (Mont-Blanc). Le décret du 9 février 1810 prononça seulement qu'Entremont passerait du Mont-Blanc au Léman. Le préfet protesta, et se fit répondre par le ministre de l'intérieur, le 15 mai suivant : « S. M. n'a pas jugé à propos de réunir au Mont-Blanc la commune d'Avregny contre son vœu et sans qu'il dût en résulter aucun avantage du côté de la délimitation et de l'action administrative ».

6° La dernière modification fut aussi la plus grave. Napoléon avait été battu, les Alliés traitaient à Paris avec Louis XVIII, qui cherchait à sauver ce qu'il pouvait. Du côté de la Belgique, il se heurtait à l'opposition des Anglais, que notre frontière des Alpes intéressait moins. On pensa pouvoir lui faire ici une concession, sans trop désobliger le roi de Sardaigne qu'on ramenait à Turin. Il ne s'agissait, pensa-t-on, que de couper la Savoie en deux pour en laisser une portion à la France et rendre le reste à la Sardaigne. La Savoie, c'étaient alors les départements du Mont-Blanc et du Léman ; on les partagerait l'un et l'autre, et chacune des deux puissances en aurait un morceau. On inséra donc, à l'art. 3 du traité du 30 mai 1814, cette clause : « dans le département du Léman..., le canton de Frangy, celui de Saint-Julien (à l'exception de la partie située au nord d'une ligne à tirer du point où la rivière de la Laire entre près de Chancy dans le territoire genevois, le long des confins de Sézegnins, Laconnex et Sézenove, qui resteront hors des limites de la France), le canton de Reignier (à l'exception de la portion qui se trouve à l'est d'une ligne qui suit les confins de La Muraz, Jussy, Pers et Cornier, qui seront hors des limites françaises) ; et le canton de La Roche (à l'exception des endroits nommés La Roche et Armancy avec leurs districts) resteront à la France. La frontière suivra les limites de ces différents cantons et les lignes qui séparent les portions qui demeurent à la France de celles qu'elle ne conserve pas. — Dans le département du Mont-Blanc, la France acquiert la sous-préfecture de Chambéry (à l'exception des cantons de L'Hôpital, de St-Pierre-d'Albigny, de La Rochette et de Montmélian) et la sous-préfecture d'Annecy (à l'exception de la partie du canton de Faverges située à l'est d'une ligne qui passe entre Outrechaise et Marlens du côté de la France et Marthod et Ugine du côté opposé, et qui suit après la crête des montagnes jusqu'à la frontière du canton de Thônes) ; c'est cette ligne qui, avec les limites des cantons mentionnés, formera de ce côté la nouvelle frontière ».

Les deux parts ainsi faites étaient très inégales, et celle de la France, de beaucoup, la plus petite ; il est vrai qu'elle gardait Chambéry et Annecy, mais la nouvelle frontière, très artificielle, passait bien près de Chambéry. Le préfet français tâcha de persuader à ses nouveaux voisins qu'en leur attribuant le canton de Montmélian, le Traité n'avait pas envisagé ce canton tel qu'il avait été constitué par la loi du 8 décembre 1801 ; qu'il devait s'agir du canton de Montmélian tel qu'il avait existé de 1793 à 1801, quand il y avait aussi un canton des Marches, et que par conséquent les deux communes des Marches et de St-Jeoire devaient rester françaises ; cette thèse ne fut pas admise. Il n'était pas possible, d'ailleurs, de maintenir, sur le petit territoire qu'on gardait, deux circonscriptions départementales. On n'en fit qu'un département (loi du 8 novembre 1814), et comme la part qui restait du Léman était la moins importante, on la rattacha donc à ce que l'on conservait du Mont-Blanc, dont le chef-lieu restait français, et dont le nom demeura, quoique le vrai Mont-Blanc s'en éloignât de plus en plus et quoique le député rapporteur eût suggéré à la Chambre des députés un autre nom, celui de Département de l'Est.

La partie rétrocédée au roi de Sardaigne reprenait le nom de duché de Savoie. Elle comprenait, avec les quatre anciennes provinces de Chablais, Faucigny, Maurienne et Tarentaise, une partie des trois autres (Carouge, Genevois et Savoie-Propre). Le centre en parut être à l'endroit où la ville d'Albertville allait être plus tard, en 1835, formée des deux communes de Conflans et L'Hôpital ; en 1814, l'intendant général, chef de l'administration, s'établit à l'Hôpital ; à Conflans, le Sénat, cour souveraine de justice.

Cette délimitation paradoxale de 1814 souleva en Savoie d'unanimes colères (Bruchet, *Le plébiciste occulte du département du Mont-Blanc en* 1815). « Cette division de l'indivisible est insupportable », écrivait Joseph de Maistre. Les Savoyards partisans d'un retour total au roi de Sardaigne n'en prenaient pas leur parti, et ceux qui s'étaient attachés à la France n'étaient pas mieux satisfaits. Politiquement, militairement, économiquement, la nouvelle frontière semblait absurde, et l'était en effet. Qui sait pourtant combien de temps elle eût duré, s'il n'y avait pas eu le retour de l'île d'Elbe, les Cent-Jours, Waterloo ? Alors, plus de ménagements pour la France, et le traité de Paris du 20 novembre 1815 stipula, dans son article 4, que « des frontières du canton de Genève jusqu'à la Méditerranée, la ligne de démarcation sera celle qui, en 1790, séparait la France de la Savoie et du comté de Nice ». Le département du Mont-Blanc finit alors de disparaître ; remise de son territoire fut faite à Chambéry, le 15 décembre 1815, au représentant du roi de Sardaigne, par le délégué du général baron de Frimont, commandant en chef des troupes autrichiennes en France.

Une diminution avait du moins été épargnée au département du Mont-Blanc pendant son existence. Depuis le traité du 5 janvier 1355, qui avait tracé sur ce point la frontière de la Savoie contre le Dauphiné, il y avait, comme il y a toujours, sur les bords du Guiers, deux communes, que le torrent sépare et qui s'appellent l'une et l'autre *Le Pont-de-Beauvoisin* ; commune française sur la rive gauche, et qui depuis 1790 faisait partie du département de l'Isère ; commune savoyarde sur la rive droite, et qui depuis 1792 faisait partie du Mont-Blanc. En 1791, la première présenta à Gauthier, commissaire de la Convention, une pétition, tendant à ce que la seconde, moins peuplée, lui fût unie. Ce serait, disait-on, pour celle-ci, un soulagement financier, mais les municipaux du Pont-Mont-Blanc, dans leur réplique, sourirent de cette sollicitude ; aux autres arguments invoqués, ils répondaient, quant à « l'inégalité du maximum sur les mêmes marchandises dans la même ville », qu' « on suit dans la partie du Pont-Mont-Blanc l'ordonnance faite par la Convention pour toute la République » ; et quant aux « funestes effets qui peuvent résulter des rivalités », « c'est créer une chimère, les deux communes ont toujours été et seront toujours d'accord ». Chambéry, ajoutent-ils, est beaucoup plus près d'eux que Grenoble ; on y connaît les lois et usages de la Savoie qui ont régi toutes les transactions jusqu'en 1793 et que les juges de l'Isère ignorent ; enfin, le Guiers est une limite naturelle. Gauthier renvoya le dossier au District de Chambéry, qui délibéra, le 21 novembre 1791, « qu'il ne peut y avoir lieu à réunion ». La question fut rouverte en 1808 par le ministre de l'Intérieur, Emmanuel Cretet, qui était justement du Pont, côté Mont-Blanc ; il écrivit au préfet, le 25 février, que « S. M. a reçu, pendant son dernier voyage en Italie, quelques observations sur la réunion des deux communes du Pont-de-Beauvoisin » ; il demandait un rapport. Le conseil municipal du Pont-Mont-Blanc, reprenant quelques-unes de ses anciennes objections, ajouta, cette fois, qu'il n'y avait guère, dans la commune, que cinquante habitants de moins que de l'autre côté du Guiers, où ceux de l'Isère n'avaient qu'une petite église, tandis que « le Pont-Mont-Blanc a un clocher qui fait l'admiration de tous les étrangers, un très beau local destiné à l'instruction des jeunes personnes ainsi qu'à l'enseignement gratuit des filles pauvres » ; si l'on veut réunir, qu'on réunisse la commune de l'Isère à celle du Mont-Blanc. L'empereur mit fin à cette affaire en approuvant, le 11 décembre 1808, un avis du Conseil d'Etat « portant que la réunion des deux communes n'offrait dans la division administrative du territoire de l'Empire aucun avantage important et qu'elle aurait l'inconvénient d'enlever à deux départements une limite fixe et naturelle pour leur en donner une incertaine ; qu'en conséquence, la réunion projetée n'aura point lieu ».

II. — Circonscriptions administratives de la période de la Convention — 1793-1795

La Convention avait décrété, le 27 novembre 1792 : « il sera envoyé dans le département du Mont-Blanc quatre commissaires pris dans le sein de la Convention Nationale pour procéder à la division provisoire et à l'organisation de ce département en districts et en cantons ». Désignés le 29 novembre, et venus à Chambéry, ces quatre Représentants y travaillèrent à la nouvelle carte administrative, qui devait en effet, conformément aux lois constitutionnelles en vigueur, répartir le territoire en districts, eux-mêmes subdivisés en cantons. Leur proclamation du 20 janvier 1793 fit connaître leurs décisions. Sept **districts** étaient créés, et chacun d'eux désigné par le nom de son chef-lieu : c'étaient les districts d'*Annecy, Carouge, Chambéry, Cluses, Moûtiers, St-Jean-de-Maurienne* et *Thonon*. A une exception près, ces chefs-lieux étaient les mêmes que ceux des sept anciennes subdivisions administratives du duché, telles qu'elles existaient en 1792, savoir, pour les énumérer dans le même ordre et sous leurs vieux noms, les provinces de Genevois, Carouge, Savoie-Propre, Faucigny, Tarentaise, Maurienne et Chablais. L'exception était en Faucigny, où il y avait une vieille rivalité entre les villes de Cluses et de Bonneville ; Cluses, ancienne capitale, avait perdu ce rang après un incendie, et Bonneville était en possession quand vint la Révolution, et que Cluses obtint d'être fait chef-lieu ; Bonneville, mécontent, protesta, et devait finir par triompher quand un arrêté du représentant Cassanyès lui donna gain de cause, bien tardivement, le 21 septembre 1795, à la veille de la suppression des districts.

En maintenant ainsi, sous des noms nouveaux, les sept anciennes provinces, la proclamation du 20 janvier innovait peu quant à leurs limites, telles que les avaient tracées les édits royaux du 3 septembre 1749 et du 2 mai 1780. En ce qui concerne le territoire du département actuel de la Savoie, nous constatons que le district de Chambéry, c'était la province de Savoie-Propre, diminuée, au profit du nouveau district de St-Jean-de-Maurienne, de tout le nouveau canton d'Aiguebelle ; au profit du nouveau district de Moûtiers, de tout le nouveau canton de Beaufort et des communes de Césarches, Conflans, Grignon, Monthion et Venthon ; au profit du nouveau district d'Annecy, des communes de Bloye et Salagine, Cusy, Lornay, Massingy, Moye, Rumilly, St-Marcel et Sales. Quant aux districts de Moûtiers et de St-Jean-de-Maurienne, ils correspondaient exactement, sauf les modifications qu'on vient d'indiquer, aux anciennes provinces de Tarentaise et de Maurienne.

Le canton, au contraire, était en Savoie chose toute neuve. La configuration montagneuse du pays, qui avait amené à donner aux communes, territorialement et immémorialement, des dimensions très inégales, eut la même conséquence quant à la formation des cantons. On y remédia, tant qu'on put, en les multipliant. On constitua, dans le district d'Annecy, les 15 cantons d'Alby, Annecy, Arbusigny, Clermont, Duingt-d'Héré, Faverges, La Roche, Le Grand-Bornand, Pringy, Rumilly, Sillingy, Talloires, Thônes, Thorens, Ugine — dans le district de Carouge, les 8 cantons d'Annemasse, Bonne, Carouge, Chaumont, Cruseilles, Frangy, Reignier, Viry — dans le district de Chambéry, les 22 cantons d'Aix, Chambéry, Chamoux, Grésy-sur-Isère, La Biolle, La Rochette, Le Bourget, Le Châtelard, Le Pont-de-Beauvoisin, Lescheraines, Les Echelles, Les Marches, L'Hôpital, Montmélian, Novalaise, Ruffieux, St-Alban, Ste-Hélène-du-Lac, St-Genis, St-Pierre-d'Albigny, St-Thibaud-de-Couz, Yenne — dans le district de Cluses, les 10 cantons de Bonneville, Chamonix, Cluses, Flumet, Mégève, St-Gervais, Sallanches, Samoëns, Taninges, Viuz-en-Sallaz — dans le district de Moûtiers, les 10 cantons d'Aime, Beaufort, Bellentre, Bourg-St-Maurice, Bozel, Conflans, Feissons-sous-Briançon, Moûtiers, Ste-Foy, St-Jean-de-Belleville — dans le district de St-Jean-de-Maurienne, les 11 cantons d'Aiguebelle, Argentine, Fontcouverte, La Chambre, Lanslebourg, Modane, St-Etienne-de-Cuines, St-Jean-de-Maurienne, St-Michel, Sollières, Valloires — dans le district de Thonon, les 7 cantons de Bons, Douvaine, Evian, Le Biot, Lullin, N.-D.-d'Abondance, Thonon. En tout, 83 cantons.

Pour ceux d'entre eux dont le territoire appartient au département actuel de la Savoie, on trouvera, au tableau ci-après, dans leur ordre alphabétique, l'énumération des communes dont ils se composaient. Ce sont tous les cantons des districts de Chambéry, Moûtiers et St-Jean-de-Maurienne, avec celui de Flumet, du district de Cluses, qui avait dépendu de la province de Faucigny, et celui d'Ugine, du district d'Annecy, qui avait dépendu de la province de Genevois.

Ensuite, pendant la période de la Convention, la carte administrative du département ne fut plus modifiée que par un acte du représentant Albitte, daté du 11 avril 1794 et dont l'application fut de durée très courte, limitée d'ailleurs au district de Moûtiers. Il y avait supprimé le canton de Bellentre, en attribuant les communes de Bellentre et de Montvalezan au canton d'Aime, et les trois autres communes à celui de Bourg-St-Maurice ; supprimé le canton de Feissons, en attribuant au canton de Conflans les communes de Cevins, Rognaix, St-Paul et Blay, et les autres à celui de Moûtiers ; il avait distrait du canton de Bourg-St-Maurice, pour celui de Ste-Foy, la commune de Villaroger, et du canton de Bozel, pour celui de Moûtiers, celles de La Saulce et Montagny.

III. — Circonscriptions administratives de la période du Directoire — 1795-1799

La Constitution de l'an III supprima les districts. Il était dit, à son article 5 : « chaque département est distribué en cantons, chaque canton en communes ; les cantons conservent leurs circonscriptions actuelles ». Ainsi, les circonscriptions cantonales subsistaient, subsistaient seules, et pour la partie du territoire qui forme le département actuel de la Savoie, rien n'était changé au tableau qu'on trouvera ci-après. Une seule modification intervint pendant cette période, à la loi du 30 mai 1799, qui transféra à St-Martin-de-Belleville le chef-lieu du canton de St-Jean-de-Belleville, parce « qu'il importe au service public de fixer le siège des administrations dans les lieux les plus commodes et les plus rapprochés des administrés ». C'est aussi pendant cette période que fut créé, comme on a dit, le département du Léman, pour lequel on détacha du département du Mont-Blanc 23 de ses cantons.

IV. — Circonscriptions administratives de la période du Consulat et de l'Empire — 1800-1814

La Constitution du 22 frimaire an VIII déclarait, art. 1er, que le territoire « est distribué en départements et **arrondissements communaux** ». Le canton devait survivre aussi, pour devenir surtout le ressort du juge de paix. Les circonscriptions cantonales, telles qu'elles existaient et telles qu'elles figurent au tableau ci-après, furent donc maintenues par la loi du 17 février 1800, qui créait d'autre part les quatre arrondissements communaux d'*Annecy*, *Chambéry*, *Moûtiers* et *St-Jean-de-Maurienne*, nommés d'après leurs chefs-lieux, en les composant des mêmes cantons qui avaient formé, sous la Convention, les districts de mêmes noms, hors que l'arrondissement d'Annecy n'avait plus que douze cantons, puisque les trois autres avaient passé au *Léman*.

L'arrêté du 8 décembre 1801 maintint les quatre arrondissements, mais il remania profondément les circonscriptions cantonales, en en diminuant le nombre, pour diminuer en même temps celui des juges de paix ; comme leur recrutement se faisait plus aisément à la ville qu'à la campagne, on s'avisa aussi, à ce moment, de faire, de chaque chef-lieu d'arrondissement, le chef-lieu de deux cantons. Les circonscriptions tracées alors ne devaient plus changer jusqu'en 1814, sauf en ce qui concerne les trois cantons du Pont-de-Beauvoisin, Novalaise et St-Genis, qui donnèrent du tracas. En 1801, on avait commencé par n'en faire que deux : le Pont-de-Beauvoisin (Aiguebelette, Ayn, Domessin, Dullin, La Bridoire, Lépin, Le Pont, St-Alban-de-Montbel, St-Beron, Verel-de-Montbel) et St-Genis (St-Genis, Belmont-Tramonet, Gresin, Lay-Avressieux, Rochefort, Ste-Marie-d'Alvey, Champagneux, St-Maurice-de-Rotherens, Gerbaix, Marcieux, Nances, Novalaise). L'arrêté des Consuls du 25 octobre 1802 supprima ensuite le canton de St-Genis, dont les communes furent attribuées, savoir : les six premières au canton du Pont-de-Beauvoisin ; Champagneux et St-Maurice au canton d'Yenne, et les quatre dernières au canton que le même arrêté créait à Novalaise et auquel on donnait, d'autre part, les communes de St-Pierre-d'Alvey et de Verthemex prises à celui d'Yenne, et celles d'Ayn, Dullin et St-Alban-de-Montbel prises à celui du Pont. On s'émut à St-Genis, mais le Conseil d'État rejeta une protestation du préfet, qui dut enregistrer la décision du Gouvernement dans son arrêté du 11 avril 1803. Toutefois, le Gouvernement lui-même ne tarda pas y repenser, et son arrêté du 17 août 1803 régla enfin les choses comme on va voir.

Voici en effet, pour les arrondissements dont le territoire appartient au département actuel de la Savoie, les circonscriptions cantonales telles que l'arrêté de 1801 les régla, hors les trois cantons dont nous venons de parler et pour lesquels nous donnerons l'état de choses créé le 17 août 1803. Pour ne pas répéter inutilement les noms des communes, on renverra, toutes les fois que ce sera possible, au tableau ci-après (chap. VIII) où figure la composition des anciens cantons, ceux de 1793.

1° Dans l'arrondissement de Chambéry, 15 cantons, savoir : *Aix*, comme l'ancien canton — *Chambéry-Nord* (Bassens, Chambéry, Chambéry-le-Vieux et Sonnaz, de l'ancien canton de Chambéry ; les Déserts, St-Alban, St-Jean-d'Arvey, Thoiry et Verel, de l'ancien canton de St-Alban ; Bourdeau, La Motte-Servolex, Le Bourget, de l'ancien canton du Bourget) — *Chambéry-Sud* (Barberaz, Bissy, Cognin, Jacob-Bellecombette, La Ravoire, Montagnole, de l'ancien canton de Chambéry ; Barby, Curienne, Puygros, Triviers, de l'ancien canton de St-Alban ; St-Sulpice, de l'ancien canton du Bourget ; Apremont, Entremont-le-Vieux, St-Baldoph, de l'ancien canton des Marches ; St-Cassin, St-Thibaud-de-Couz, Vimines, de l'ancien canton de St-Thibaud) — *La Biolle*, comme l'ancien canton — *La Rochette* (les communes de l'ancien canton ; Betton-Bettonnet, Chamoux, Champlaurent, La Trinité, Montendry, Villard-Léger, Villard-Sallet, de l'ancien canton de Chamoux) — *Le Châtelard* (les communes des anciens cantons du Châtelard et de Lescheraine) — *Le Pont-de-Beauvoisin*, comme l'ancien canton — *Les Echelles* (les communes de l'ancien canton ; St-Pierre-d'Entremont, de l'ancien canton des Marches ; Corbel et St-Jean-de-Couz, de l'ancien canton de St-Thibaud) — *L'Hôpital* (les communes de l'ancien canton, et celles de l'ancien canton de Grésy-sur-Isère, sauf Grésy) — *Montmélian* (les communes des anciens cantons de Montmélian et de Ste-Hélène-du-Lac ; Châteauneuf et Hauteville, de l'ancien canton de Chamoux ; les Marches et St-Jeoire, de l'ancien canton des Marches ; Cruet, détaché du canton de St-Pierre-d'Albigny) — *Novalaise* (les communes de l'ancien canton, et St-Pierre-d'Alvey, détaché du canton d'Yenne) — *Ruffieux* (les communes de l'ancien canton et St-Pierre-de-Curtille, détaché du canton d'Yenne) — *St-Genis*, comme l'ancien canton — *St-Pierre-d'Albigny* (les communes de l'ancien canton sauf Cruet, et Grésy-sur-Isère, de l'ancien canton de Grésy) — *Yenne* (les communes de l'ancien canton sauf St-Pierre-d'Alvey et St-Pierre-de-Curtille ; La Chapelle-du-Mont-du-Chat et Ontex, de l'ancien canton du Bourget).

2° Dans l'arrondissement de Moûtiers, 5 cantons, savoir : *Beaufort*, comme l'ancien canton — *Bourg-St-Maurice* (les communes des anciens cantons de Bourg-St-Maurice, de Bellentre et de Ste-Foy) — *Conflans* (les communes de l'ancien canton ; Cevins et St-Paul, de l'ancien canton de Feissons) — *Moûtiers Nord* (Aigueblanche, Celliers, Doucy, Grand-Cœur ou St-Thomas, Hautecour, Moûtiers, N.-D.-du-Pré, St-Marcel et St-Oyen, de l'ancien canton de Moûtiers ; Bonneval, Feissons, Naves, N.-D.-de-Briançon, Petit-Cœur ou St-Eusèbe, Pussy, Rognaix et Villargerel, de l'ancien canton de Feissons ; les communes de l'ancien canton d'Aime) — *Moûtiers-Sud* (Bellecombe, Feissons-sur-Salins, Fontaine-le-Puits, Le Bois, Les Avanchers, Les Frasses, Salins et Villarlurin, de l'ancien canton de Moûtiers ; les communes des anciens cantons de Bozel et St-Jean-de-Belleville).

3° Dans l'arrondissement de St-Jean-de-Maurienne, 8 cantons, savoir : *Aiguebelle* (les communes de l'ancien canton ; Argentine, St-Alban-d'Hurtières, St-Georges-d'Hurtières et St-Pierre-de-Belleville, de l'ancien canton d'Argentine) — *La Chambre* (les communes de l'ancien canton ; Epierre et La Chapelle, de l'ancien canton d'Argentine) — *Lanslebourg* (les communes de l'ancien canton ; Bramans, Sollières et Termignon, de l'ancien canton de Sollières) — *Modane* (les communes de l'ancien canton ; Aussois et Avrieux de l'ancien canton de Sollières) — *St-Etienne-de-Cuines* (les communes de l'ancien canton ; St-Léger, de l'ancien canton d'Argentine) — *St-Jean-de-Maurienne-Nord* (les communes de l'ancien canton de St-Jean, sauf Jarrier et St-Pancrace ; St-Julien, de l'ancien canton de St-Michel ; Albane et Montricher, de l'ancien canton de Valloires) — *St-Jean-de-Maurienne-Sud* (Jarrier et St-Pancrace, de l'ancien canton de St-Jean ; les communes de l'ancien canton de Fontcouverte) — *St-Michel* (les communes de l'ancien canton, sauf St-Julien ; Valloires et Valmeinier, de l'ancien canton de Valloires).

L'arrondissement d'Annecy formait cinq cantons (Annecy-Nord, Annecy-Sud, Faverges, Rumilly et Thônes) ; les communes de l'ancien canton d'Ugine appartenaient à celui de Faverges. Dans le Léman, les communes de l'ancien canton de Flumet appartenaient à celui de Megève, arrondissement de Bonneville.

V. — Circonscriptions administratives à la Restauration — 1814-1815

Un remaniement s'imposait après le traité du 30 mai 1814 qui, comme on a vu, laissait à la France une portion du département du Mont-Blanc avec une petite partie du département du Léman. Le nouveau département du Mont-Blanc, constitué de ces deux fragments, fut divisé, par la loi du 8 novembre 1814 « en trois arrondissements communaux dont les chefs-lieux sont Chambéry, Annecy et Rumilly ».

La même loi nommait les cantons qui allaient composer chacun de ces arrondissements, savoir : 6 pour l'arrondissement d'*Annecy* (Annecy-Nord, Annecy-Sud, Cruseilles, Faverges, Thônes, Thorens) — 9 pour l'arrondissement de *Chambéry* (Aix, Chambéry-Nord, Chambéry-Sud, Le Châtelard, Le Pont-de-Beauvoisin, Les Echelles, Novalaise, St-Genis et Yenne) — 5 pour l'arrondissement de *Rumilly* (Frangy, Ruffieux, Rumilly-Nord, Rumilly-Sud et St-Julien).

L'arrêté préfectoral du 12 janvier 1815 distribua les communes entre ces cantons. Dans l'arrondissement de Chambéry, les circonscriptions des cantons d'Aix, Chambéry-Nord et Yenne furent seules modifiées et voici comment : le canton d'Aix perdait Méry et Voglans et s'agrandissait de 5 communes de l'ancien canton de La Biolle, savoir : Epersy, Grésy, La Biolle, Mognard et St-Ours — Le canton de Chambéry-Nord recevait les deux communes détachées du canton d'Aix — Le canton d'Yenne s'agrandissait des communes de Chanaz, Conjux et St-Pierre-de-Curtille, détachées du canton de Ruffieux.

Le canton de Ruffieux, réduit à cinq communes, faisait partie du nouvel arrondissement de Rumilly. Les communes d'Albens, Ansigny, Cessens, St-Germain et St-Girod, qui avaient appartenu à l'ancien canton de La Biolle, passaient dans le même arrondissement, au canton de Rumilly-Sud. Quant à la commune d'Outrechaise, qui demeurait seule française de tout l'ancien canton d'Ugine, tel qu'il avait été constitué en 1793, et qui avait été incorporée depuis au canton de Faverges, arrondissement d'Annecy, elle y resta.

Pour les parties du territoire que le Traité avait détachées de la France et qui allaient être bientôt rendues à l'administration du roi de Sardaigne, il fut réglé provisoirement, par ordonnance du chevalier de Mertens, « gouverneur civil de la partie du Mont-Blanc non cédée à la France », qu'un nouvel arrondissement, dont le chef-lieu devait être à *St-Pierre-d'Albigny*, serait formé des cantons de La Rochette, L'Hôpital, Montmélian, St-Pierre-d'Albigny, et des communes du canton de Faverges non cédées à la France (Cohennoz, Héry, Marthod, Ugine). Un arrêté du Conseil provisoire de St-Jean-de-Maurienne, du 27 juin 1814, réunit ces quatre communes au canton de L'Hôpital.

VI. — Les circonscriptions communales

On ne parlera ici que de celles qui font partie du département actuel de la Savoie.

La proclamation du 29 janvier 1793, qui distribuait les communes entre les nouveaux cantons et districts, ne changeait rien aux circonscriptions communales de l'ancien régime, sauf en un point : l'Administration Provisoire du département avait, le 12 décembre 1792, réuni les deux anciennes communes de *Brison* et de *St-Innocent*, et cette innovation était maintenue.

Ensuite, avec l'année 1794, sous la pression des événements politiques, vint la tendance à ce qu'on appelait « la formation des grandes municipalités », parce qu'à peine, disait-on, trouve-t-on dans les petites communes « un ou deux citoyens qui réunissent les qualités nécessaires à un officier municipal », et en raison « de l'apathie et de l'insouciance que les municipalités de campagne montrent pour la Révolution ; partout les lois y sont sans vigueur et sans exécution ; dans beaucoup de communes, elles ne sont pas même publiées ». Certains n'auraient plus voulu que des communes d'environ 1.500 âmes.

C'est ainsi que, dans le district de Moûtiers, les communes parurent, au représentant Albitte, « tellement multipliées, que l'on ne pourrait y trouver un assez grand nombre de citoyens pour y composer les municipalités et autres autorités constituées d'une manière digne du gouvernement révolutionnaire » ; par acte du 11 avril 1794, il en supprima 32 ; il réunissait, à Moûtiers, Fontaine-le-Puits, Hautecour, Les Frasses, St-Marcel, Salins et Villarlurin — à Bellecombe, Le Bois et St-Oyen — à Bonneval, Cellier — à Feissons-sous-Briançon, N.-D.-de-Briançon — à St-Thomas-de-Cœur, St-Eusèbe-de-Cœur, Aigueblanche et Villargerel — à Montagny, Feissons-sur-Salins et La Saulce — à Conflans, Césarches, Grignon, Monthion, Tours et Venthon — à La Batie, Cevins — à St-Paul, Rognaix et St-Thomas-des-Esserts — à St-Jean-de-Belleville, St-Laurent-de-la-Côte — à Aime, Macot et Tessens — à Bellentre, Montvalezan — à La Côte-d'Aime, Granier — à Villette, Montgirod — à Hauteville-Gondon, Landry — à Ste-Foy, Villaroger — à Tignes, Val-de-Tignes.

Dans le district de Chambéry, on avait songé à

des innovations plus radicales encore. On aurait ainsi annexé, à St-Alban, Barby, St-Jean-d'Arvey, Verel-Pragondran — à St-Jeoire, La Ravoire et Trivier — à Montmélian, Arbin, Chignin, Francin et La Chavanne — à La Rochette, Arvillard, Détrier, Etable, La Chapelle-Blanche, La Croix-de-la-Rochette, Presle et Rotherens. On craignit pourtant d'exagérer, et par acte du 25 juillet 1794 Albitte se borna, pour ce district, à réunir, à Oncin, Attignat — à Coise, St-Jean-Pied-Gauthier — à Novalaise, Marcieux et Nances — à La Motte, Servolex — à St-Jean-de-Chevelu, Billième — à Meyrieux, Trevouel — à Lucey, Jongieux — à La Rochette, Détrier, Etable, La Croix-de-la-Rochette et Rotherens — à La Table, Le Verneil — à Tournon, Verrens-Arvey — à L'Hôpital, St-Sigismond — Mouxy et Tresserve, d'autre part, s'étaient vues annexées à Aix, et déjà Bourdeau avait été réuni au Bourget, malgré sa résistance : « Nous nous faisons, avaient déclaré les municipaux de Bourdeau, un sensible plaisir d'obéir aux lois, mais nous pensons que, quand les lois ne sont pas convenables, on a droit de le représenter ».

Toutes, ou presque toutes, les municipalités supprimées protestaient ainsi. Satisfaction leur fut donnée à la réaction thermidorienne. Il ne resta rien de la réforme tentée dans le district de Moûtiers. Dans le district de Chambéry, où les unions réalisées subsistaient encore à la fin de 1794, presque toutes les communes annexées reprirent leur autonomie, au plus tard, à l'époque de la mise en vigueur de la Constitution de l'an III.

Le Conseil d'Etat reprit la question, le 22 août 1801, en demandant au préfet son avis. Le préfet répondit, le 19 octobre, en proposant d'annexer de nouveau La Croix-de-la-Rochette et Rotherens à La Rochette, Marcieux à Novalaise, St-Sigismond à L'Hôpital ; il proposait aussi d'unir Outrechaise à Ugine, Villarlurin et Les Frasses à Salins, Randens à Aiguebelle, Pontamafrey à Hermillon, et bien d'autres suppressions encore. Mais le Gouvernement n'entra pas dans cette voie et, de toutes les suppressions opérées depuis 1793, l'arrêté des Consuls du 8 décembre 1801 ne consacra que les suivantse : *Servolex* restait uni à La Motte, *Attignat* à Oncin, *St-Jean-Pied-Gauthier* à Coise, *Trevouel* à Meyrieux, *Billième* à St-Jean-de-Chevelu. Ces unions ont subsisté, sauf la dernière ; le décret du 16 septembre 1806 refit deux communes distinctes de Billième et de St-Jean-de-Chevelu.

La période qui nous occupe ne vit ériger qu'une commune nouvelle, par la loi du 22 janvier 1798 qui détacha de la commune d'Héry les hameaux de Cohennoz, des Panissarts et du Cernix, pour en former la commune de *Cohennoz*, canton d'Ugine.

VII. — Noms révolutionnaires des communes

On les trouvera au tableau ci-après. La plupart n'entrèrent en usage qu'au printemps de l'année 1794, et la plupart avaient déjà cessé d'y être quand le représentant Gauthier décida, le 3 janvier 1795, que « les communes reprendront leurs anciennes dénominations, nonobstant tous arrêtés contraires, jusqu'à ce qu'elles y aient été autorisées par décret ; elles sont néanmoins tenues d'en supprimer, autant que faire se pourra, tout ce qui a quelque rapport au fanatisme et à la féodalité ».

VIII. — Tableau des communes du département du Mont-Blanc qui font partie du département actuel de la Savoie, dans l'ordre alphabétique des noms des cantons créés en 1793

Le chiffre qui suit le nom de chaque commune indique la population d'après le dénombrement de 1801. Les noms révolutionnaires sont indiqués entre parenthèses.

Aiguebelle, 687. — Aiton, 637 ; Bonvillard, 723 ; Bonvillaret, 442 ; Bourgneuf-Croix-d'Aiguebelle, 228 ; Chamousset, 231 ; Montgilbert, 561 ; Montsapey, 131 ; Randens, 151.

Aime (Les Antiquités), 826. — Granier (Le Grenier), 651 ; La Côte-d'Aime (Côte-Belle), 799 ; Longefoy (Cime-Belle), 406 ; Macot (Riant-Coteau), 635 ; Montgirod et Centron, 693 ; Tessens (Mont-Vineux), 126 ; Villette (Marmorine), 388.

Aix, 1.596. — Drumettaz-Clarafond, 560 ; Le Montcel, 576 ; Le Vivier, 189 ; Méry, 579 ; Mouxy, 267 ; Pugny-Châtenod, 192 ; St-Innocent-Brison (Bellevue), 429 ; St-Offenge-Dessous (Les Avalanches-Dessous), 557 ; St-Offenge-Dessus (Les Avalanches-Dessus), 311 ; Tresserve, 383 ; Trévignin, 286 ; Voglans, 336.

Argentine, 1.050. — Epierre, 348 ; La Chapelle, 667 ; St-Alban-d'Hurtières (Cucheron), 1.027 ; St-Georges-d'Hurtières (Fer), 905 ; St-Léger (Rocaille), 265 ; St-Pierre-de-Belleville (Arbarétan), 258.

Beaufort (Mont-Grand), 3.070. — Hauteluce (Primeluce), 1.566 ; Queige (Les Huisseaux), 1.551 ; Villard-de-Beaufort (Fertiline), 1.167.

Bellentre (Entrée-Belle), 814. — Hauteville-Gondon (Pente-Rude), 601 ; Landry, 635 ; Montvalezan-sur-Bellentre (Cime-Bonne), 352 ; Peisey (Mont-d'Argent), 1.113.

Bourg-St-Maurice (Nargue-Sarde), 2.166. — Les Chapelles (Les Sillons), 696 ; Séez et St-Germain (Val-Joli), 1.468 ; Villaroger (Roc-Vert), 746.

Bozel (Fructidor), 1.064. — Champagny (Agreste), 741 ; La Perrière (Pétrée), 464 ; La Saulce, 85 ; Les Allues (Valminéral), 1.132 ; Montagny (Mont-Noir), 675 ; Pralognan (La Vanoise), 802 ; St-Bon (Prairial), 869.

Chambéry, 10.300. — Barberas-le-Petit, 417 ; Bassens, 302 ; Bissy, 657 ; Chambéry-le-Vieux, 537 ; Cognin, 651 ; Jacob-Bellecombette, 390 ; La Ravoire, 645 ; Montagnole, 518 ; Sonnaz, 580.

Chamoux, 811. — Betton-Bettonnet, 327 ; Champlaurent, 310 ; Châteauneuf (La Ferranche ou Le Bac), 850 ; Hauteville, 352 ; La Trinité (La Grande-Côte), 593 ; Montendry, 520 ; Villarléger, 515 ; Villard-Sallet, 304.

Conflans (Roc-Libre), 1.303. — Césarches (Cap-d'Arly), 230 ; Grignon (Brumaire), 283 ; La Batie (Albine), 904 ; Monthion (Les Chasseurs), 261 ; St-Thomas-des-Esserts (Les Esserts), 726 ; Tours (Cérisanne), 456 ; Venthon (Ventôse), 248.

Feissons-sous-Briançon (Charmilles), 366. — Bonneval (Bonnevallée), 451 ; Cevins (La Roche), 666 ; Nâves, 833 ; N.-D.-de-Briançon (Les Cols), 241 ; Pussy, 478 ; Rognaix (Belle-Arête), 241 ; St-Eusèbe-de-Cœur (Petit-Cœur), 160 ; St-Paul et Blay (Le Passage et Bellepente), 432 ; Villargerel (Sur-Vignes), 319.

Flumet, 991. — Crest-Voland, 310 ; La Giettaz, 751 ; N.-D.-de-Bellecombe (Bellecombe), 626 ; St-Nicolas-la-Chapelle, 1.011.

Fontcouverte, 1.337. — Montrond, 379 ; St-Jean-d'Arves (Huilles-d'Arves), 1.976 ; St-Sorlin-d'Arves (Col d'Aule), 932 ; Villarembert, 500.

Grésy-sur-Isère, 1.059. — Cléry-Frontenex, 718 ; Montailleur, 851 ; N.-D.-des-Millières (Les Etaux), 630 ; Plancherine, 267 ; Ste-Hélène-des-Millières (Les Forges), 818 ; St-Vital (Côte-Rive), 316 ; Tournon, 293 ; Verrens-Arvey, 568.

La Biolle, 1.038. — Albens, 1.097 ; Ansigny, 82 ; Cessens, 198 ; Epersy, 247 ; Grésy, 1.081 ; Mognard, 292 ; St-Germain (Montsec), 557 ; St-Girod (Les Vergers), 396 ; St-Ours (La Forêt-d'Ours), 364.

La Chambre, 430. — Les Chavannes, 256 ; Montaimont, 1.209 ; Montgellafrey, 708 ; N.-D.-du-Cruet (Cruet), 110 ; St-Avre (Antichambre), 189 ; St-Martin-sur-la-Chambre (Bugeon), 391.

Lanslebourg, 871. — Bessans, 1.080 ; Bonneval, 353 ; Lanslevillard, 510.

La Rochette, 855. — Arvillard, 925 ; Détrier, 219 ; Etable, 307 ; La Chapelle-Blanche (Route-Neuve), 396 ; La Croix-de-La-Rochette (Rochefer), 142 ; La Table, 1.117 ; Le Bourget-en-Huile, 358 ; Le Pontet, 512 ; Le Verneil, 345 ; Presle, 1.084 ; Rotherens, 193.

Le Bourget (La Montagne), 1.506. — Bourdeau, 150 ; La Chapelle-du-Mont-du-Chat (Le Mont-du-Chat), 338 ; La Motte-Montfort, 2.500 (y compris Servolex) ; Ontex, 224 ; St-Sulpice (Les Carrières), 575 ; Servolex (voir La Motte).

Le Châtelard, 1.000. — Bellecombe, 920 ; Doucy, 410 ; Ecole, 620 ; Jarsy, 870 ; La Compôte, 400 ; La Motte, 610 ; Ste-Reine (Beaupré), 470.

Le Pont-de-Beauvoisin, 1.200. — Aiguebelette, 333 ; Belmont-Tramonet, 420 ; Domessin, 1.129 ; La Bridoire, 600 ; Lépin, 395 ; St-Béron (Rives-du-Guiers), 800 ; Verel-de-Montbel, 446.

Lescheraine (Chéran), 512. — Aillon, 2.365 ; Arith, 906 ; Le Noyer, 703 ; St-François-de-Sales (Charmillion), 606.

Les Echelles, 1.245. — Attignat, 1.425 (y compris Oncin) ; La Bauche, 580 ; Oncin (voir Attignat) ; St-Christophe (La Grotte), 729 ; St-Franc (Bois-Franc), 620 ; St-Pierre-de-Genebroz (Genebroz), 530.

Les Marches, 700. — Apremont, 500 ; Entremont-le-Vieux, 1.210 ; St-Baldoph (Les Vignes), 600 ; St-Jeoire (La Boisserette), 450 ; St-Pierre-d'Entremont (Entremont-le-Jeune), 600.

L'Hôpital, 662. — Allondaz, 294 ; Gilly, 617 ; Mercury-Gemilly, 1.322 ; Pallud, 351 ; St-Sigismond (Valbeau), 215 ; Thenesol, 236.

Modane, 925. — Bourget-Villarodin, 500 ; Le Freney, 145 ; Les Fourneaux, 125 ; St-André (Montfort), 968.

Montmélian, 1.165. — Arbin, 517 ; Chignin, 883 ; Francin, 736 ; La Chavanne, 321 ; La Thuile, 891.

Moûtiers (Mont-Salins), 2.065. — Aigueblanche (Blanches-Eaux), 246 ; Bellecombe (Le Torrent), 219 ; Celliers, 359 ; Doucy, 592 ; Feissons-sur-Salins, 305 ; Fontaine-Le-Puits, 210 ; Hautecour (Haut-Vallon), 514 ; Le Bois, 210 ; Les Avanchers, 740 ; Les Frasses, 35 ; Notre-Dame-du-Pré (Haut-Pré), 428 ; St-Marcel (Montmarc), 304 ; St-Oyen (Primejour), 125 ; St-Thomas-de-Cœur (Grand-Cœur), 302 ; Salins, 120 ; Villarlurin, 235.

Novalaise, 1.991. — Ayn, 891 ; Dullin, 555 ; Gerbaix 447 ; Marcieux, 161 ; Nances, 388 ; St-Alban-de-Montbel (Port-Montbel), 233 ; Verthemex, 414.

Ruffieux, 1.018. — Chanaz, 580 ; Chindrieux, 1.428 ; Conjux, 177 ; Motz, 709 ; Serrières, 892 ; Vions, 211.

St-Alban (Monterminod), 1.012 — Barby, 224 ; Curienne, 471 ; Les Déserts, 1.047 ; Puygros, 650 ; Saint-Jean-d'Arvey (Roc d'Arvey), 871 ; Thoiry, 1.027 ; Triviers, 449 ; Verel-Pragondran, 150.

Ste-Foy (Valamont), 1.026. — Montvalezan-sur-Séez, 618 ; Tignes, 901 ; Val-de-Tignes (Laval), 412.

Ste-Hélène-du-Lac (Le Lac), 681. — Coise, 1.162 (y compris St-Jean-Pied-Gauthier) ; Laissaud, 374 ; Les Mollettes, 432 ; Planaise, 304 ; St-Jean-Pied-Gauthier (Monnet), voir Coise ; St-Pierre-de-Soucy (Les Rocs), 825 ; Villard d'Héry, 250 ; Villaroux, 180.

St-Etienne-de-Cuines (Cuines), 830. — St-Alban-des-Villards (Merlet), 1.567 ; St-Colomban-des-Villards (Glandon), 2.350 ; Ste-Marie-de-Cuines (Le Mont), 731 ; St-Remy (Arpingon), 750.

St-Genis (Entrerives), 1.550 — Champagneux, 642 ; Gresin, 472 ; Lay-Avressieux, 615 ; Rochefort, 470 ; Ste-Marie-d'Alvey (Les Fontaines), 367 ; St-Maurice-de-Rotherens (Roc de Rotherens), 437.

St-Jean-de-Belleville (Côte-Marat), 1.625. — St-Laurent-de-la-Côte (Les Ravins), 322 ; St-Martin-de-Belleville (Montalte), 2.363.

St-Jean-de-Maurienne (Arc), 2.258 — Albiez-le-Jeune, 989 ; Albiez-le-Vieux, 1.025 ; Hermillon, 647 ; Jarrier, 1.434 ; Le Châtel, 907 ; Montdenis, 369 ; Montpascal, 467 ; Montvernier, 655 ; Pontamafrey, 206 ; St-Pancrace (Les Colonnes), 576 ; Villargondran, 563.

St-Michel (Pas-du-Roc), 1.450. — Beaune, 355 ; Orelle, 638 ; St-Julien (Fontagneux), 858 ; St-Martin-d'Outre-Arc (Neuvachette), 267 ; St-Martin-la-Porte (La Cassaz), 595 ; Thyl, 449.

St-Pierre-d'Albigny (Albigny), 2.714. — Cruet, 1.016 ; Fréterive, 679 ; St-Jean-la-Porte (Côte-Rouge), 890.

St-Thibaud-de-Couz (La Cascade), 600. — Corbel 555 ; St-Cassin (Les Bocages), 307 ; St-Jean-de-Couz (Couz), 310 ; Vimines, 1.065.

Sollières, 451. — Aussois, 380 ; Avrieux, 224 ; Bramans, 486 ; Termignon, 1.259.

Ugine, 2.091. — Héry, 898 (et 431 pour Cohennoz) ; Marthod, 1.000 ; Outrechaise, 233.

Valloires, 1.703. — Albanne, 402 ; Montricher, 385 ; Valmeinier, 787.

Yenne, 2.747 — Billième (voir St-Jean-de-Chevelu) ; Jongieux, 293 ; La Balme, 493 ; La Chapelle-St-Martin (Le Villard), 215 ; Loisieux, 509 ; Lucey, 340 ; Meyrieux, 419 (y compris Trevouet) ; S-Jean-de-Chevelu (Chevelu), 1.029 (y compris Billième) ; St-Paul (Bovines), 708 ; St-Pierre-d'Alvey (Val d'Alvey), 535 ; St-Pierre-de-Curtille (Val-de-Crène), 365 ; Traize, 456 ; Trevouet (voir Meyrieux).

SECONDE PARTIE

Organisation administrative du département du Mont-Blanc (1)

I. Période de la Convention — 1793-1795

1. — *Les Représentants en mission*

Ils furent, pendant cette période, les vrais détenteurs de l'autorité, que les corps constitués locaux

---

(1) On a tenté, dans cette étude sur le personnel révolutionnaire en Savoie, d'identifier autant que possible les individus qu'on y rencontre. On l'a essayé, au risque certain d'être incomplet et souvent inexact, parce que les lacunes de nos archives, qui rendaient cette étude plus nécessaire, en augmentaient aussi la difficulté. Je m'y suis aidé de trois dossiers des Archives nationales (F. 1b II Mont-Blanc, 1 et 2 ; et F1c III Mont-Blanc, 1) ; mais les documents antérieurs à l'an VIII, en affectant presque toujours de ne donner à chaque individu que son nom de famille, sans mentionner sa qualité ni ses prénoms, ont étrangement compliqué l'exécution de ce travail.

Chaque nom est suivi, quand il a déjà été cité, d'un chiffre, qui renvoie au paragraphe où la première mention en est faite, et c'est pourquoi les paragraphes ont reçu, à partir d'ici, une numérotation continue. Les chiffres qui suivent la première mention qui est faite d'un nom indiquent tous les paragraphes où il figure. On peut reconstituer ainsi la carrière du personnage.

n'exerçaient que sous leur direction; mais on n'énumérera pas ici tous ceux qui passèrent en Savoie, chargés par la Convention de missions politiques, de missions administratives, ou de missions militaires à l'armée des Alpes. On nommera seulement ceux dont le séjour fut de quelque durée et qui intervinrent dans la vie administrative du département. (Voir Jules Masse, Histoire de l'annexion de la Savoie à la France en 1792.)

1° On sait que l'annexion de la Savoie fut d'abord opérée par les armes. Le 7 septembre 1792, le Conseil exécutif de l'Assemblée Législative avait arrêté que le général de Montesquiou, commandant l'armée du Midi, entrerait en Savoie. Il y entra le 22 septembre, et le 24 à Chambéry. Le même jour, la Convention nationale, à laquelle il était suspect, décréta qu'Edouard-Louis-Alexis *Dubois de Crancé*, Thomas-Augustin *de Gasparin* et Jean-Pierre *Lacombe de Saint-Michel* « se transporteront à l'armée du Midi et mettront à exécution, selon leur prudence et selon les circonstances, le décret qui prononce la destitution du général Montesquiou ». Ces trois représentants vinrent en Savoie, y prirent les premières mesures qui devaient consacrer l'annexion et rentrèrent à Paris au milieu d'octobre.

2° Le 27 novembre 1792, la Convention, « après avoir entendu le rapport de ses Comités de constitution et diplomatique, et avoir reconnu que le vœu libre et universel du peuple souverain de la Savoie, émis dans les assemblées des communes, est de s'incorporer à la république française ; considérant que la nature, les rapports et les intérêts respectifs rendent cette union avantageuse aux deux peuples, déclare qu'elle accepte la réunion proposée et que dès ce moment la Savoie fait partie intégrante de la république française ». Le même jour, il fut décidé que quatre représentants viendraient organiser le nouveau département. Désignés à la séance du 29, c'étaient Henri *Grégoire*, évêque constitutionnel de Loir-et-Cher ; Jean *Hérault de Séchelles*, ancien avocat général au Parlement de Paris ; Grégoire *Jagot*, juge de Nantua, et Philibert *Simond*, savoyard, prêtre interdit du diocèse d'Annecy. Ces quatre commissaires, arrivés à Chambéry le 11 décembre, y remplirent leur mission. Ils désignèrent deux d'entre eux, le 18 février 1793, par ordre de la Convention, pour en aller accomplir une semblable dans les Alpes-Maritimes. Hérault et Simond, qui restèrent alors dans le Mont-Blanc, en partirent le 18 mai 1793.

3° Le 25 août 1793, tandis qu'un retour offensif de l'armée royale se produisait en Faucigny, en Tarentaise et en Maurienne, la Convention décida qu'elle devait « à toutes les parties de la République une et indivisible la même protection pour repousser les despotes et leurs vils satellites » ; elle décrétait donc que le Mont-Blanc serait défendu, et y envoyait deux représentants, munis de pleins pouvoirs, l'un et l'autre savoisiens : Philibert *Simond*, déjà nommé, et Jacques *Dumaz* (5, 25, 32, 33), ancien avocat au Sénat de Savoie. Arrivés à Chambéry le 31 août, Simond et Dumaz ne quittèrent la Savoie qu'au début de décembre suivant, quand déjà depuis octobre le pays était entièrement reconquis et les Sardes campés aux frontières, sur les cols du Petit-Saint-Bernard et du Mont-Cenis.

4° Le 29 décembre 1793, le Comité de salut public envoya des représentants « dans les divers départements pour y établir le gouvernement révolutionnaire, et autorisés à y prendre toutes les mesures de salut public ». Gouly, d'abord désigné pour le Mont-Blanc, fut remplacé le 8 janvier 1794 par Antoine-Louis *Albitte*, de Dieppe, homme de loi. Albitte arriva à Chambéry le 28 février ; il fut rappelé à Paris le 21 août.

5° Par décret de la Convention du 26 août 1794, le représentant Antoine-François *Gauthier* des Orcières, de Bourg-en-Bresse, fut envoyé dans le Mont-Blanc. Arrivé à Chambéry le 3 septembre, il y agit souvent de concert avec le représentant Jacques-Joseph-François *Cassanyès*, médecin, qu'un décret du 21 août avait chargé de mission auprès des armées d'Italie et des Alpes. Gauthier fut rappelé à Paris au milieu de janvier 1795. Cassanyès garda ses pouvoirs jusqu'au décret du 18 mars 1795, qui le rappela.

6° Le même décret remplaça Cassanyès près l'armée des Alpes et d'Italie par les représentants *Dumaz*, déjà nommé, et Guillaume-André *Réal*, de Grenoble, avocat, qui arrivèrent à Chambéry en avril. Ils y proclamèrent, le 4 juin 1795, l'irrévocabilité de la réunion du Mont-Blanc à la France. Ils y furent rejoints, le 11 juin, par Jean-Marie *Bion*, avocat, chargé de mission par un décret de la Convention du 15 avril.

7° Enfin, une loi du 14 août 1795 chargea de mission dans le Mont-Blanc le représentant *Cassanyès*, déjà nommé. Il arriva à Chambéry le 30 août et ne quitta la Savoie qu'au milieu de novembre suivant.

2. — *L'Assemblée nationale des Allobroges*

Dès le 29 septembre 1792, cinq jours après l'entrée du général de Montesquiou à Chambéry, le ministre de la Guerre lui écrivait de Paris d' « inviter les Savoisiens à manifester le plus tôt possible leur opinion sur le genre de gouvernement qu'ils voulaient adopter » ; gouvernement qui devait être, ajoutait le ministre, « tel qu'il ne pût pas nuire à la bonne intelligence qui doit régner actuellement entre les Savoisiens et les Français ». Bientôt, aux premiers jours d'octobre, la Savoie tout entière était occupée, sauf trois communes du fond de la Maurienne, où l'on devait entrer en novembre. Par leur proclamation du 6 octobre, datée de Chambéry, les Représentants en mission invitèrent les Savoisiens à se réunir dans chaque commune et à nommer des députés, à raison d'un par commune, qui organiseraient un gouvernement. La Société populaire de Chambéry, dite Société des amis de la Liberté et de l'Egalité, qui siégeait depuis le 26 septembre, décida, d'accord avec les Représentants, qu'elle enverrait dans chaque province quatre commissaires pour faire procéder à ces élections le 14 octobre, afin que les députés puissent se réunir le 21. La Société populaire d'Annecy rédigea, de son côté, une adresse. D'autres écrits de propagande furent répandus.

Les députés des communes, élus le 14 octobre, se réunirent à Chambéry, dans la cathédrale, le 21 (leurs noms dans Dessaix, Histoire de la réunion de la Savoie à la France en 1792 ; cf. Vermale et Blanchoz, Procès-verbaux de l'Assemblée nationale des Allobroges). Le 22, François *Decret*, de Bonneville, avocat (3,32), fut élu président ; vice-président, Amédée *Doppel*, précédemment médecin à Chambéry et depuis 1791 établi à Paris, où il avait fondé le club des Patriotes étrangers et organisé la Légion des Allobroges dont il était lieutenant-colonel. Le 23 octobre, les députés des communes se constituèrent en Assemblée nationale des Allobroges. Ils siégèrent ensuite pendant six journées encore, rendant des décrets qui introduisaient en Savoie les dispositions essentielles de la nouvelle législation française. Quatre commissaires furent élus, chargés de se rendre à Paris auprès de la Convention pour y « énoncer le vœu général de la nation des Allobroges, libre et indépendante, d'être unie et incorporée à la nation française pour en faire partie intégrante ». En attendant la réponse de la Convention, et l'institution d'autorités nouvelles, l'Assemblée pensa qu'elle ne pouvait pas « laisser la chose publique sans l'établissement d'un corps administratif supérieur ». Elle créa donc une « Commission provisoire d'administration générale », dont les 21 membres furent élus par elle le 29 octobre pour entrer aussitôt en fonctions « sous le salaire de 1.500 fr. par an, qui leur sera payé par proportion au temps de leur travail ; ils seront chargés de faire exécuter les décrets de l'Assemblée nationale ; ils donneront, dans tous les cas d'urgence, les déterminations provisoires et administreront la chose publique sous leur responsabilité ». Le même jour, 29 octobre, l'Assemblée nationale se sépara.

3. — *La Commission provisoire d'administration des Allobroges*

C'est le nom que porta d'abord la Commission dont on vient de dire comment elle émana de l'Assemblée nationale des Allobroges. Ses vingt-et-un membres, élus le 29 octobre 1792, furent : Charles *Bertrand*, de Chambéry, avocat (4, 5, 8, 33, 34) — Jean-Marie *Bélemps*, de Douvaine, procureur — Claude *Blanc*, d'Evian, homme de loi — Fr. *Burnod*, d'Annecy, avocat — Fr. *Chastel*, de Carouge, avocat, plus tard membre du Conseil des Cinq-Cents (12) — François-Félix *Clerc*, de La Chapelle en Maurienne, notaire (11, 14, 22, 30) — Pierre *Curtet*, de Chaumont, notaire — Fr. *Decret* (2, 32) — *Domengel*, doyen d'âge, élu du bureau de Tarentaise — Jean-Ignace *Favre*, de St-Jean-de-Maurienne, homme de loi (30) — Benoît *Fontanil*, de Moûtiers, homme de loi (29, 32, 34) — Joseph-Antoine *Garbillon*, député de la commune de Gevrier (7) — Joseph *Garard*, de Bonneville, avocat, plus tard député au Conseil des Cinq-Cents (9) — Jean *Gilbert*, de St-Jean-de-Maurienne, ancien secrétaire à l'intendance de St-Jean, notaire (11, 12, 14, 22, 30) — François *Morel*, de Chambéry, avocat (8) — Claude *Picollet*, baron d'Hermillon, avocat, maire de Chambéry du 30 mars au 21 juillet 1800 (28, 32) — Antoine *Roch*, député de Neydens — Fr. *Ruphy*, d'Annecy, plus tard membre du Corps législatif pour le département du Mont-Blanc et baron Ruphy (24, 27) — Antoine *Sanche*, de Moûtiers, procureur (4, 5, 28, 31, 33) — Charles *Sommelier*, de Bonne, avocat (4, 5) — Jean-François *Violland*, de Douvaine, notaire.

Quatorze suppléants, dont quelques-uns furent appelés à siéger, avaient été élus le même jour, savoir : pour la province de Carouge, Guillaume *Carussin* et Claude-François *de La Fontaine*, notaire ; pour le Chablais, Jean-Pierre *Favral* et Fabien *Vacherand* ; pour le Faucigny, Joseph *Ballaloud*, de Samoëns, notaire (9), et Joseph *Jacquier*, de Taninge, avocat (4) ; pour le Genevois, Jean-François *Ferner*, d'Annecy, homme de loi (7) et Prosper *Nicollin*, d'Annecy, rentier (7) ; pour la Maurienne, J.-B. *Laymond*, de St-Jean-de-Maurienne, notaire (18), et Charles-Joseph *Truchet*, de St-Jean-de-Maurienne, notaire ; pour la Savoie-Propre, Claude *Pacy*, de Chambéry, notaire (8), et Claude-Humbert *Viviand*, de Chambéry, avocat (4, 32) ; pour la Tarentaise, Laurent *Avet*, de Moûtiers, notaire, qui fut intendant de la province de Haute-Savoie après la Restauration sarde (10, 14, 16), et Jean-Joseph *Jacquemard*, de Moûtiers, notaire et greffier (10, 21).

La Commission, qui tint sa première séance le 29 octobre 1792 dans la salle capitulaire de la cathédrale de Chambéry et qui se transporta peu après au Château « dans l'appartement des ci-devant princes », fut tour à tour présidée par Gavard, Picollet, Burnod et Gavard ; les vice-présidents successifs furent Picollet, Burnod, Morel, Picollet et Sommelier. La Commission avait commencé d'exécuter les décrets de l'Assemblée nationale et pris des mesures provisoires d'administration lorsque, le 15 décembre, les quatre Représentants chargés d'organiser le département se présentèrent à sa barre. Elle déclara aussitôt ses pouvoirs expirés, mais les Représentants la rétablirent séance tenante, sous la dénomination de « Commission provisoire d'administration générale du Mont-Blanc », pour siéger jusqu'à l'installation des autorités futures. Burnod fut alors nommé, à titre également provisoire, procureur général syndic du département, et garda ce titre tant que durèrent les pouvoirs de la Commission, limités « aux fonctions administratives » par un acte du 17 décembre, émané des Représentants. Ceux-ci réglaient en même temps que « les décrets rendus par l'Assemblée nationale des Allobroges, concernant soit les agents de l'administration et les municipalités, soit les autorités judiciaires, seront provisoirement exécutés ». La Commission tint sa dernière séance le 7 mars 1793.

4. — *L'Administration du Département* *Le Conseil général*

Les lois constitutionnelles en vigueur, que les Représentants devaient appliquer dans le Mont-Blanc, plaçaient à la tête de l'administration du département un Conseil de 36 membres. L'assemblée électorale du département, qui devait les désigner, se composait elle-même d'électeurs nommés, au premier degré, dans les assemblées primaires cantonales. Les Représentants fixèrent, par acte du 27 janvier 1793, quel nombre respectif d'électeurs serait nommé par chacune de ces assemblées primaires ; le lendemain, ils les convoquèrent pour le 10 février ; les électeurs nommés par elles devaient se réunir, le 17 février, en assemblée électorale du département, à Chambéry. Cette assemblée s'y tint en effet et ne se sépara que le 6 mars, après avoir élu, avec les membres de l'administration du département, les dix députés que le Mont-Blanc allait envoyer à la Convention, les membres du Tribunal criminel et l'évêque du département.

Les 36 membres de l'Administration du département devaient, aux termes des mêmes lois constitutionnelles, se diviser en deux sections : l'une, exécutive et permanente, qu'on appelait le Directoire du département ; et l'autre, délibérative, qu'on appelait le Conseil ou Conseil général du département. C'est de ce Conseil qu'il est question ici ; 28 membres le composaient, et ceux qui furent élus en mars 1793 étaient : Alexis *Bérard* (11) — Louis *Brun*, de Chambéry, ingénieur — Pierre *Curlelin*, de Chambéry, ancien secrétaire à l'Intendance générale de Savoie (8) — Paul *Desarnod*, de Chambéry, procureur — Louis *Desgeorges*, de Chambéry, procureur (11) — Hyacinthe *Dubois*, de Chambéry, avocat (8, 32, 31) — Jacques *Ducoudray*, de Chambéry, ancien secrétaire du Consulat et notaire — Bernard *Dupleine*, de Carouge, homme de loi — Jacques *Folliet*, de Carouge, homme de loi — Guillaume *Gentil*, de Massongy, notaire — Claude *Girod*, de Chautagne, procureur — Pierre-Marie *Grand*, homme de loi, maire de Chambéry du 21 juillet 1800 au 23 septembre 1801 (5, 12, 17, 23, 26, 27) — Joseph *Gucher*, de Chambéry, avocat (5, 8, 29) — Joseph *Jacquier* (3) — Joseph *Lachenal*, d'Annecy, avocat (7) — Joachim *Léger*, ancien archiviste du duché de Savoie, notaire et secrétaire - archiviste du département (5, 17, 18, 23, 26) — Joseph *Lyonnaz*, de Chambéry, procureur (32) — Antoine *Magnin*, de Chambéry, procureur (8) — Henri *Michard*, de Seyssel, notaire — Jean-Pierre *Olive*, de Chambéry, avocat (5, 11) — Philibert *Perrety*, de Chambéry, avocat (32) — Jean-Pierre *Ravier*, de Bozel, homme de loi (10. 14, 29) — Marc *Revoire*, des Echelles, propriétaire (18) — Cl.-A. *Tupin*, de Thonon, avocat — Claude-Louis *Vauthier*, d'Annecy, homme de loi (5) — François *Villat*, de Cognin, propriétaire (20) — Claude-Humbert *Viviand* (3) — Joseph *Vuagnat*, de Bonneville, géomètre. — Ils tinrent leur première séance le 8 mars.

Bientôt, des vides se produisirent dans ce Conseil, par suite de l'élection de certains de ses membres à d'autres fonctions, pour lesquelles ils optèrent : Curtelin et Magnin passèrent ainsi au directoire du district de Chambéry, en mars, et, au même moment, Bérard passa au directoire du district de Maurienne ; le 6 avril, Léger et Viviand démissionnèrent ; trois jours après, Perrety passait au Tribunal du district de Carouge, et, en mai, Jacquier passait au Tribunal du district de Cluses. De nouvelles nominations, en juillet-août, comblèrent en partie ces vides : celles de *Conti* ; *Lassalle* ; *Pichel*, de Chambéry, procureur (8) ; *Roulet* ; *Sage-Vallier*. D'autre part, tandis que la Constitution ne prévoyait, pour les Conseils de département, qu'un mois de session par an, celui du Mont-Blanc siégeait en permanence. Une loi venait en effet d'imposer des obligations spéciales aux Conseils des départements situés sur la frontière, l'armée royale allait envahir le territoire, et le Conseil ne se sépara pas. Dès lors, il n'y eut plus lieu de maintenir une distinction entre lui et la section permanente, qu'on appelait le Directoire et dont il absorba les membres ; c'étaient Charles *Bertrand* (3) ; Pierre *Chamoux*, de Chambéry, avocat, plus tard membre du Conseil des Cinq-Cents (5, 8, 28) ; Joseph *Degenève*, de Chambéry, avocat ; J.-B. *Lacombe*, d'Annecy, notaire (5, 7) ; Antoine *Sanche* (3) ; Charles *Sommelier* (3) ; Claude-Nicolas *Verney*, de Chambéry, avocat, plus tard directeur des Postes (5, 18, 28).

Les deux représentants en mission, qui arrivèrent à Chambéry le 31 août, modifièrent encore la composition du Conseil, sans autre intervention du corps électoral. Le 12 septembre, « d'après les instructions qui leur ont été données sur leur caractère et leur vie politique », ils destituèrent Bertrand, Brun, Degenève, Desarnod, Desgeorges, Lacombe, Lyonnaz et Vauthier. Le 19 septembre, ils firent installer Jean-Claude *Songeon*, d'Annecy (7) ; le 9 novembre, trois autres membres, qu'ils venaient aussi de nommer, furent à leur tour installés : Joseph *Berthier*, de Chambéry, greffier (5, 32) ; *Dalley* ; Balthazard *Vandal*, de Rumilly, propriétaire (10).

Enfin, le décret du 4 décembre 1793, qui organisait le gouvernement révolutionnaire, supprima les Conseils de département ; celui du Mont-Blanc tint sa dernière séance le 25 décembre.

5. — *L'administration du Département*
Le Directoire

Huit membres, qui devaient composer cette section permanente, exécutive, de l'Administration du département, furent élus en même temps que les membres du Conseil, savoir : Charles *Bertrand* (3) ; Pierre *Chamoux* (4) ; Joseph *Degenève* (4) ; Jacques *Dumaz* (1) ; J.-B. *Lacombe* (4) ; Antoine *Sanche* (3) ; Charles *Sommelier* (3) ; Claude-Nicolas *Verney* (4).

Jacques Dumaz, l'un des députés du Département à la Convention, laissa bientôt sa place vide au Directoire, qui tint sa première séance le 9 mars 1793 et fut ensuite, comme on a vu, absorbé dans le Conseil. Quand le décret du 4 décembre 1793 eut supprimé le Conseil, à l'organisation du gouvernement révolutionnaire, le Directoire se reconstitua, le 26 décembre ; il comprenait alors, avec Chamoux, Sanche, Sommelier et Verney, François *Jacquier*, de Chambéry, avocat, et Jean-Pierre *Olive* (4).

Ce corps allait ensuite subir bien des remaniements, tous opérés sans l'intervention des électeurs. Par acte du 28 février 1794, le représentant Albitte maintient Chamoux, Jacquier, Sommelier et Olive ; destitue les autres et nomme : Alphonse *Dufourd*, notaire à Rumilly, plus tard député au Conseil des Anciens (7, 12, 19) ; Jean-François *Favre-Buisson*, de Thonon, avocat, qui avait été l'un des secrétaires de la Commission provisoire (6, 31) ; Pierre-Marie *Grand* (4) ; Joseph *Gucher* (4). Secrétaire général, Joseph *Velat*, de Chambéry, procureur.

Par acte du 5 octobre 1794, le représentant Gauthier maintient Chamoux, Dufourd, Grand, Jacquier et Sommelier et remplaça les autres par *Chossat*, négociant, maire de Carouge ; Henri *Emery*, de Crempigny, étudiant en théologie et précepteur avant la Révolution, puis secrétaire commis au Département (12, 17, 25, 27) ; et Joseph *Gay*, d'Aix, négociant (14). Secrétaire général, Joachim *Léger* (4).

Très peu après, le 14 novembre, considérant qu' « il

importe d'éloigner ceux que la voix publique accuse de s'être livrés à l'esprit d'intrigue et de domination », Gauthier remaniait encore le Directoire ; il y maintenait Chossat, Dufourd, Emery, Grand, et nommait : Joseph *Berthier* (4) ; André *Burnier*, de La Motte près Chambéry, négociant ; Balthazard *Mermoz*, de Chambéry, avocat, plus tard député au Conseil des Cinq-Cents (6, 17) ; et Pierre-Antoine *Rivel*, de Tournon, homme de loi (11, 14, 30).

Le 19 février 1795, une loi décida : « Le nombre des administrateurs de département est provisoirement réduit à cinq ; cette réduction s'opérera par la voie du scrutin entre eux ». En conséquence, le 11 mars, le Directoire se reconstitua aux personnes de Berthier, Emery, Grand, Mermoz et Rivel. Par acte du 14 juin 1795, le représentant Bion, estimant que ces cinq administrateurs ne pouvaient pas suffire, et qu'il en fallait huit comme précédemment, maintint Berthier, Emery, Grand, Rivet, et nomma : Gaspard *Chaberl*, de Chambéry, avocat (11, 20, 23, 26, 28) ; Jean-François *Gabel*, de Chambéry, avocat, ancien secrétaire archiviste du Sénat de Savoie, puis secrétaire général du district de Chambéry (8, 12, 16, 17, 23, 25) ; Etienne Aubriot de *La Palme*, ancien sénateur au Sénat de Savoie (12, 17, 28, 32) ; et *Raymond* ou *Reymond* père (8). Le secrétaire général Léger, démissionnaire, fut remplacé le 15 juin par François-Jean-Marie *Bellemin*, notaire, ancien secrétaire de l'avocat fiscal général au Sénat de Savoie et conservateur des hypothèques à Chambéry, qui fut après la Restauration sante juge du mandement de Saint-Genis (12, 16, 24, 25).

Enfin, par arrêté du 12 juillet 1795, le Comité de Législation de la Convention procéda à un dernier remaniement : Emery, Gabet et La Palme étaient maintenus ; les cinq autres remplacés par Jean *Burgos*, officier de santé ; Jean-Antoine *Feige*, d'Aiguebelle, notaire (11, 18, 22) ; Joseph *Fernex*, de Thonon, avocat ; Michel *Mouchel*, de Boëge, avocat (9) ; Claude-Louis *Vaulhier* (4).

6. — *L'administration du Département*
Le Procureur général syndic

La Constitution plaçait, auprès des membres de l'Administration du département, un agent qui devait être élu comme eux, le Procureur général syndic, dont les pouvoirs du reste étaient mal définis. Ces fonctions appartinrent d'abord à Jean-François *Favre-Buisson* (5), jusqu'au décret du 4 décembre 1793, qui les supprima. Rétablies par la loi du 17 avril 1795, elles furent alors confiées par les membres de l'Administration du département, le 24 avril, à Balthazard *Mermoz* (5), que l'arrêté du Comité de Législation de la Convention du 12 juillet suivant remplaça par Amédée *Garin*, de Chambéry, avocat (8, 13, 14, 34).

Les administrations de district devaient se composer de douze membres, dont huit formaient la section délibérative (Conseil du district) et les quatre autres la section exécutive (Directoire du district). Un procureur syndic leur était adjoint. Les uns et les autres furent d'abord élus, en mars 1793, après la réunion de l'Assemblée électorale du département, par les électeurs de chaque district, réunis à leur chef-lieu. Plus tard, le décret du 4 décembre 1793 substitua au procureur syndic un agent national, nommé par la Convention ; et le procureur syndic fut ensuite rétabli par la loi du 17 avril 1795.

On ne parlera pas ici des administrations des districts de Carouge et de Thonon ; aucune partie du territoire du département actuel de la Savoie ne leur appartient, et il n'y a presque rien pour eux dans ses archives.

7. — *L'administration du district d'Annecy*

Les premiers élus furent : pour le Conseil, François *Audé*, homme de loi ; Aimé *Cailles*, notaire ; Antoine *Curlel*, qui fut maire d'Annecy (16) ; Gabriel *Ducroz* ; Jean-Marie *Falquet*, procureur (18) ; Jean-Joseph *Métral* ; François *Tessier* ; Claude *Velluz* — pour le Directoire, Jean-François *Carron* ; Alexis *Collomb*, notaire (19) ; Antoine *Dunand*, homme de loi ; Pierre-François *Lathuille*, de Menthon — Procureur syndic, Jean-François *Fernex* (3). — Ils tinrent leur première séance le 18 mars 1793.

Le 9 mai, un arrêté du représentant Hérault de Séchelles porté contre « les administrateurs du district d'Annecy dont la conduite a été incivique et antirépublicaine sous tous les rapports », en maintenant, au Conseil, Audé et Falquet, remplaça les autres par Louis *Beauquis* ; Maurice *Brachet*, de Montmin ; Antoine *Brunier*, notaire ; Joseph-Antoine *Garbillon* (3) ; François *Roberl*, de Brogny, homme de loi ; Thomas *Raphy*, architecte. Au Directoire, le même arrêté, en maintenant Dunand, remplaçait les autres par Philibert *Richard*, notaire ; Michel *Roux*, receveur du domaine ; et Jean-Louis *Vauthier*. Procureur syndic, Jean *Burnod*, homme de loi.

Jean Burnot fut nommé ensuite, en exécution du décret du 4 décembre 1793, agent national. A ce moment, au Conseil, *Barrel*, Jacques-Joseph *Decouz*, François *Marchand*, avoué, et Pierre *Pissard*, rentier, avaient remplacé Beauquis, Falquet, Robert et Ruphy ; au Directoire, *Chevillon*, Alphonse *Dufourd* (5) et Pierre-Joseph *Philippe*, avocat, plus tard membre du Conseil des Cinq-Cents, avaient remplacé Dunand, Richard et Roux.

Par arrêté du 29 avril 1794, le représentant Albitte, en conservant Burnod comme agent national, remplaça Audé, Barrel, Chevillon, Decouz, Dufourd, Garbillon, Marchand et Pissard par Jean-Louis *Boch* ; Athanase *Bron*, notaire (12) ; Pierre *Cochet*, de St-Félix ; Joachim *Exertier*, de Faverges, notaire (18) ; *Porret* ; Thomas *Ruphy* ; auxquels, par arrêté du 22 mai, il ajouta Claude *Burdallet*, homme de loi (32), et Jean-Claude *Songeon* (4).

Par arrêté du 29 septembre 1794, le représentant Gauthier remplaça Burnod, comme agent national, par Philibert *Rossel de Tours*, avocat, qui fut plus tard membre du Conseil des Cinq-Cents (17). Au Conseil, en maintenant Boch, Brunier, Burdallet et Exertier, il nommait Joseph *Lachenal* (4) ; *Lecel*, de Megève ; réintégrait Marchand et Pissard ; au Directoire, en maintenant Brachet et Bron, il réintégrait Audé, et nommait Jean-Pierre *Dussollier*, avocat (12, 18, 19).

Le 12 juillet 1795, nouveau remaniement par le Comité de Législation de la Convention. Burdallet succède à Rosset comme procureur syndic. Rosset passe au Directoire, avec Antoine Dunand, qui y rentre après avoir présidé le Tribunal du district, avec Philippe, qui y rentre aussi, et avec J.-B. *Lacombe* (4). Au Conseil, à Brunier maintenu, on adjoignait Joseph *Coppier*, avocat ; Antoine *Curtet*, Jean-François *Fernex*, François *Tessier* et Jean-Louis *Vauthier*, déjà nommés dans ce chapitre ; Jacques *Nouvellet*, homme de loi, et Claude-François *Pollet*, homme de loi.

Enfin, par arrêté des 16 et 30 septembre 1795, le représentant Cassanyès nomma Philippe procureur syndic ; au Directoire, avec Lacombe et Rossel, Brunier et Marchand ; au Conseil, avec Coppier, Pollet et Vauthier, Etienne-Joseph *Arelan* ; *Burdallet* ; *Lachenal* ; Prosper *Nicollin* (3) ; et Jean-Louis *Pagel*, ancien commissaire à terriers (19). — L'administration du district d'Annecy tint sa dernière séance le 21 novembre 1795.

8. — *L'administration du district de Chambéry*

Les membres élus en mars 1793 furent : pour le Conseil, Claude *Chevallier*, de Barby, propriétaire ; Joseph *Cléry*, ancien secrétaire insinuateur ; François *Domengel*, maire d'Aix ; Gabriel *Humbert*, de La Ravoire, rentier ; Pierre *Marjollet*, ancien commissaire à terriers ; Claude *Pary* (3) ; Christophe *Pognient*, de Ste-Hélène-du-Lac ; Philibert *Tissot*, qui fut receveur à St-Pierre-d'Albigny — pour le Directoire, Pierre *Curtelin* (4) ; Antoine *Magnin* (4) ; François *Janin*, notaire (32, 34) : Joseph *Ruffard*, ancien secrétaire à l'Intendance générale de Savoie (12). — Procureur syndic, François *Morel* (3). — Ils tinrent leur première séance le 13 mars.

Le 21 octobre 1793, considérant « la suspension de quelques administrateurs du district de Chambéry de l'exercice des fonctions que leur a confiées le peuple, et l'option qu'ont faite quelques autres des places qui leur ont été conférées », le Conseil général du département nomme au Directoire Cléry, membre du Conseil, à la place de Janin ; au Conseil, il remplace Chevallier, Cléry, Humbert et Pognient par Jacques *Delabeye*, avocat (32, 34, 35) ; Antoine *Doppel*, avocat ; Antoine *Dupasquier*, ancien commissaire à terriers ; Guillaume *Porral*, homme de loi. Morel restait procureur syndic et devint agent national au décret du 4 décembre.

Par arrêté du 28 février 1794, le représentant Albitte le maintint, mais « après avoir pris les renseignements les plus scrupuleux et les plus précis, et consulté l'opinion du peuple réuni en société populaire », en maintenant au Conseil Jacques Delabeye, Antoine Doppel, et Antoine Dupasquier, il remplaçait les autres par Joseph *Chabert*, notaire ; François *Charvel*, avoué ; *Pichel* (4) ; *Raymond* ou *Reymond* père (5) ; Claude *Tardy*, avoué (14). Secrétaire général, Jean-François *Gabet* (5). Au Directoire, où il maintenait Curtelin et Ruffard, il introduisait Guillaume Porral et Laurent *Prallet*, avoué (32).

Dans la suite, épuré par arrêté du représentant Gauthier en date du 14 novembre 1794, le Conseil comprit, avec Delabeye et Raymond, Joseph *Bal*, avocat (32) ; Charles *Bertrand* (3) ; Jean-Antoine *Bonjean*, ancien sénateur au Sénat de Savoie (28,

32) ; Pierre *Chamoux* (4) ; Joseph *Gucher* (4) ; Pierre-Louis *Vignet*, ancien sénateur au Sénat de Savoie (28, 32, 34). Le Directoire fut composé de Porral, Prallet, Ruffard, maintenus, et de Claude Tardy. L'agent national fut Pierre Curtelin. Gabet restait secrétaire général.

Par arrêté du 14 juin 1795, le représentant Bion nomma procureur syndic Amédée *Garin* (6) ; au Directoire, avec Ruffard et Tardy, Charles Bertrand et Hyacinthe *Dubois* (4). — Enfin, le 12 juillet suivant, le Comité de Législation de la Convention nomma procureur syndic Pierre-Louis *Filliard*, avocat (33, 35) ; au Directoire, avec Dubois, Ruffard et Tardy, Jacques Delabeye.

9. — *L'administration du district de Cluses*

Les membres élus en mars 1793 étaient : pour le Conseil, Jean-François-Maurice *Allanlaz*, de Passy ; Joseph *Bouvard*, de St-Gervais, notaire ; Joseph-Philibert *Curton*, de Taninge ; *Mauris* ; Louis *Poncet*, de Nancy, notaire ; François-Nicolas *Renaud*, procureur ; Sigismond *Reydet*, procureur ; Jean-Louis *Thevenet* — pour le Directoire, *Coudurier*, de Megève, homme de loi ; Claude *Duclos*, de Sallanches ; Joseph *Gontard*, de St-Gervais, notaire ; François *Rey*, ancien régent de l'Intendance de Faucigny. — Procureur syndic, Prosper *Cucuat*.

Le 1er octobre 1793, les Représentants en mission, « considérant que les administrateurs du district de Cluses sont à peu près tous convaincus, les uns de l'incivisme le plus dégoûtant et de la plus grande lâcheté, les autres de rébellion ouverte », en maintenant au Conseil Bouvard, Mauris, Renaud, Reydet et Thevenet, cassèrent les autres membres de l'administration ; nommèrent au Conseil Joseph *Ballaloud* (3) ; *Gaillard*, de Bonneville ; et Jean *Million*, de Megève ; — au Directoire, Michel *Andrier*, de Samoëns, entrepreneur ; J.-B. *Dumont*, de Bonneville ; *Dussaugey*, de La Roche ; et Jean-François *Orsat*, de Taninge, notaire. Procureur syndic, Pierre *Dufresne*, de Latour, docteur-médecin (12).

Le représentant Albitte avait remanié de nouveau, le 24 mai 1794, ce personnel, lorsque, par arrêté du 1er octobre suivant, le représentant Gauthier composa le Conseil de Dussaugey, Million, Orsat, Thevenet, déjà nommés, et de Jean-François *Guy*, de Cluses, négociant ; Joseph *Métral*, d'Aviernoz ; Michel *Mouchet* (5) ; et François *Vuarchex*, de Bonneville, négociant ; au Directoire, avec Ballaloud, Victor *Depassier*, de Bonneville, officier municipal ; Louis-Alexandre *Germain* ; et Victor *Moenne*. Agent national, Joseph *Gavard* (3).

Enfin, par arrêté du 3 octobre 1795, le Comité de Législation de la Convention nomma au Directoire, avec Claude Duclos déjà mentionné, Claude-Joseph *Hugard* et Joseph-François *Jorand*, de Cluses ; François *Morel*, d'Arache. Procureur syndic, Joseph *Bastian*, de Bonneville, homme de loi.

10. — *L'administration du district de Moûtiers*

Du Conseil, tel qu'il avait été élu en mars 1793, nous ne connaissons que deux membres : Théophile *Maigrat*, de Villard-de-Beaufort, notaire (11, 14), et Joseph *Reymond*, de Moûtiers, avocat (12, 14, 18, 23, 24, 29). Au Directoire, Claude *Ancenay*, de St-Thomas-de-Cœur, notaire ; Nicolas *Bonod*, de Moûtiers, procureur (21) ; Pierre *Montmayeur*, de Moûtiers, procureur ; Jean-Pierre *Ravier* (4). Procureur syndic, Jean-Marie *Bal*, ancien avocat fiscal (23).

Par arrêté du 20 mars 1794, le représentant Albitte nomma, au Conseil, Jacques *Ancenay*, d'Aigueblanche, propriétaire ; Antoine *Flandin*, de Bellentre, notaire (14) ; Joseph-Antoine *Fontaine*, de Conflans, notaire (14) ; Jean-Joseph *Jacquemard* (3) ; Nicolas *Jacquemoud* ; Pierre *Montmayeur* ; Joseph-François *Montserraz*, notaire (14) ; Charles *Vaudey*, des Chapelles, négociant. Au Directoire, Etienne *Audé*, d'Annecy, homme de loi (29, 32) ; J.-B. *Dubois*, homme de loi (18, 29) ; *Marchand* fils, d'Annecy ; Etienne *Roche*, de Moûtiers, notaire (14). Agent national, Balthazard *Vandal* (4).

Par arrêté du 8 octobre 1794, le représentant Gauthier maintint au Conseil Flandin, Montmayeur et Montserraz ; y fit entrer Audé et Roche ; y nomma Laurent *Acel* (3) ; Louis-Henri *Crosé*, d'Aime, notaire (21) ; et Charles-Emmanuel *Perret*, de Verrens, notaire (20). Au Directoire, avec Dubois, il fit entrer Fontaine, Jacquemard et Vandal. Agent national, Humbert *Ducoudray*, de Chambéry, avocat (11, 13, 14, 32).

Peu après, le 14 novembre, « considérant qu'en suite de la loi du 24 vendémiaire il a été fait par les fonctionnaires publics du département du Mont-Blanc différentes options qui le mettent dans la nécessité de procéder à une nouvelle organisation des autorités constituées de ce département ; que dans cette organisation nouvelle il importe d'éloigner ceux que la voix publique accuse de s'être livrés à l'esprit d'intrigue et de domination, et qu'il convient aussi de remplacer les citoyens qui ne peuvent remplir les fonctions publiques à raison de maladie ou autres motifs légitimes », Gauthier nomme, pour le Conseil, avec Crosé, Flandin, Montserraz, Reymond et Roche, Bernard *Mugnier*, de Feissons-sous-Briançon, notaire (14, 21). ; Claude-François *Plaisance*, de Bourg-St-Maurice, notaire (14) ; et Claude *Serrel*, d'Aime, notaire (14). Au Directoire, Avel, Ducoudray, Fontaine et Montmayeur. Agent national, Jean-Joseph Jacquemard, qui devint ensuite commissaire national auprès du Tribunal du district, et que Gauthier remplaça alors, le 26 décembre 1794, par Joseph *Cartanas* (29, 34), qui l'avait précédé dans ce dernier emploi. — Le 15 juin 1795, Ducoudray, membre du Directoire, démissionna, et le représentant Bion le remplaça par Roche, membre du Conseil. — Enfin, le 12 juillet suivant, le Comité de Législation de la Convention nomma au Directoire Maigrat, Montmayeur, Reymond et Serret ; procureur syndic, Cartanas.

11. — *L'administration du district de St-Jean-de-Maurienne*

Aux élections de mars 1793, le Conseil fut composé de Pierre-François *d'Albane*, de St-Julien, notaire (14) ; *Arnaud*, procureur ; Jean-Antoine *Feige* (5) ; Adrien *Fodéré*, de Bessans, notaire ; *Jacomin*, notaire ; Alexis *Magnin*, notaire à Valloire (14) ; Claude *Noraz*, d'Epierre ; *Tognel*, notaire. Au Directoire, Alexis *Bérard* (4) ; Catherin *Callier*, de St-Jean, notaire et ancien chancelier de l'Officialité de Maurienne (22, 33, 34) ; Pierre-François *Constantin*, d'Albiez-le-Vieux, notaire (34) ; et *Saturnin Guille*, de St-Jean, notaire (14, 22). Procureur syndic, Jean-François *Rogès*, de St-Jean, ancien avocat fiscal patrimonial, bientôt suspect, qui fut remplacé, en juillet, par Jean *Gilbert* (3).

Le 25 mars 1794, le représentant Albitte, épurant le Conseil, manqua de sujets pour le reconstituer au complet ; il y maintint Feige et Magnin, y introduisit Saturnin Guille, et y nomma Claude *Belleville*, d'Aiguebelle, propriétaire ; François *Clerc* (3) ; J.-B. *Noraz* ; et Georges *Parent*, de St-Georges-d'Hurtières, notaire. Au Directoire, il maintint Constantin et nomma Jean *Gilbert*, Martin *Savey*, de Châteauneuf, notaire, et Pierre-François *Thiabaud*, du Bourget-en-Huile, notaire, qui fut secrétaire de l'Intendance à la Restauration (14). Agent national, Humbert *Ducoudray* (10).

Par arrêté du 8 octobre 1794, le représentant Gauthier maintint au Conseil Saturnin Guille et Parent, y introduisit Savey, et y nomma Hector *Brunier*, d'Aiguebelle, homme de loi (14) ; Gaspard *Chabert* ([illegible]) ; Claude-Aimé *Pichon*, de La Rochette, homme de loi (30) ; Pierre-Antoine *Ricel* (5) ; et Louis *Vulliod*, de Chambéry, homme de loi. Au Directoire, où il maintenait Constantin, Gilbert et Thiabaud, il introduisait François Clerc. Agent national, Jean-Pierre *Olive* (4).

Peu après, le 14 novembre, il remaniait encore cette administration. Saturnin Guille, Parent et Vulliod restaient au Conseil, avec Clerc et Jean-Antoine Feige, qui y rentraient, et avec Saturnin *Boullaz*, de Fontcouverte, notaire (14, 22) ; Etienne *Guille*, ancien maître d'écriture à St-Jean (14) ; et Théophile *Maigrat* (10). Au Directoire, où restaient Constantin, Gilbert et Thiabaud, Théodule *Dufresne*, de La Chambre, notaire (30), était nommé. Agent national, Joseph *Boucier*, de Chambéry, avocat, qui fut plus tard sénateur au Sénat de Savoie (14, 30, 32, 35).

Enfin, par arrêté du 4 avril 1795, le Comité de Législation de la Convention remplaça, au Conseil, Clerc, nommé juge, par Jacques *Larive*, de St-Jean, notaire (30) ; et, au Directoire, Théodule Dufresne, nommé juge, par Saturnin Guille.

II. — **Période du Directoire — 1795-1800**

12. — *L'Administration Centrale du département*

La Constitution de l'an III confiait l'administration du département à un corps de cinq membres, qualifié d'« Administration Centrale », et qui devait être renouvelé par cinquième tous les ans. Les administrateurs du département devaient être élus par l'Assemblée électorale du département, convoquée chaque année le 20 germinal (9 avril) et composée des électeurs nommés par le corps électoral, réuni lui-même dans chaque canton en assemblées primaires. Il était réglé en outre que, en cas de vacances, « les administrateurs restant peuvent s'adjoindre, en remplacement, des administrateurs temporaires et qui exercent en cette qualité jusqu'aux élections suivantes ». En fait, les mutations allaient être fréquentes dans l'Administration Centrale du Mont-Blanc, tant par le grand nombre des démissionnaires et par le peu d'empressement des suppléants désignés, que par les conséquences du coup d'Etat de fructidor.

La Constitution avait été promulguée le 1er vendémiaire an IV (23 septembre 1795), et pour la mettre en vigueur on tint cette année-là, par exception, l'assemblée électorale au cours du mois d'octobre. Furent élus : Athanase *Bron* (7) ; Jean-Pierre *Dussollier* (7) ; Henri *Emery* (5) ; Jean-François *Gabel* (5) ; et Etienne Aubriot de *La Palme* (5), qui refusa et fut remplacé par Pierre-Marie *Grand* (4). On dut bientôt aussi remplacer Bron par François *Chastel* (3), qui démissionna à son tour, ainsi que Dussollier ; en mars 1796, les trois membres restant les avaient remplacés par Alphonse *Dufourd* (5) et Pierre *Dufresne* (9) ; ceux-ci n'acceptèrent pas, et il fallut désigner à leur place Philibert *Ballaillard*, ancien officier au service de Sardaigne qui fut nommé plus tard maire de Chambéry le 2 octobre 1801, et Joseph *Ruffard* (8).

Ainsi, quand Gabel eut démissionné, il ne resta plus, des membres élus en 1795, qu'Emery. Les élections du 13 avril 1797 lui donnèrent donc quatre nouveaux collègues : Bron, déjà nommé ; Joseph *du Clos de La Martinière* ; Claude-Louis *Pillet*, de Chambéry, avocat (28, 31) ; et Claude-François *Raymond*, secrétaire au Département, ancien agent des marquis d'Oncieu et d'Arvillard.

Le coup d'Etat de fructidor et la loi du 5 septembre 1797 cassèrent ces élections. Emery, de nouveau, restait seul, mais le corps électoral ne fut pas consulté. Le Directoire exécutif, par arrêtés des 14 septembre et 14 octobre, nomma Chastel, Dufourd, Dufresne et Grand, qui tous les quatre avaient déjà fait partie de l'Administration. Chastel, Dufourd et Grand démissionnèrent ensuite, remplacés par Charles *Bacoux*, de Chambéry, négociant (17, 27) ; J.-B. *Frarin*, d'Ambilly, notaire, qui fut plus tard membre du Conseil des Cinq-Cents ; et Jean *Gilbert* (3). — Dufresne, « partisan des principes anarchiques », fut destitué par le Directoire exécutif le 26 juillet 1798, et le démembrement du département du Mont-Blanc fit passer Frarin à celui du Léman. Les membres restant les remplacèrent par Jean-Jacques *Desmaisons*, de Chambéry, médecin, et par Jean-François *Lasalle*, ancien religieux cordelier et ancien professeur de théologie au collège royal de Chambéry.

Ces deux membres, ainsi nommés à titre provisoire, cessèrent leurs fonctions aux élections du 15 avril 1799, qui introduisirent dans l'Administration François-Jean-Marie *Bellemin* (5) et Joseph *Reymond* (10), pour y siéger avec Bavoux, Emery et Gilbert, jusqu'à la fin de ce régime. L'Administration Centrale tint sa dernière séance le 27 mars 1800. Son secrétaire en chef fut Joseph *Palluel*, de Chambéry, homme de loi (15).

13. — *Le Commissaire du Directoire exécutif près l'Administration Centrale*

La Constitution disait que ce Commissaire serait nommé par le Directoire exécutif ; « il surveille et requiert l'exécution des lois ».

Le premier titulaire fut l'ancien conventionnel François-Jean-Baptiste *Carelly de Bassy*, comte de Cevins, seigneur de Bassy et autres lieux, qui avait été substitut avocat général au Sénat de Savoie. Souvent absent et alors suppléé par Amédée *Garin* (6), démissionnaire le 4 juin 1796 et alors quelque temps suppléé par *Grand*, membre de l'Administration, il ne fut remplacé que le 8 octobre suivant par François *Garin*, de Chambéry, ancien garde du corps du roi de Sardaigne et devenu chef de bataillon.

Quand Garin, à son tour, eut démissionné, nommé adjudant général à l'armée des Alpes, le Directoire exécutif le remplaça, par arrêté du 18 août 1799, par Humbert *Ducoudray* (10), qui garda jusqu'à la fin ces fonctions de commissaire.

14. — *Les Administrations municipales de canton*

Chaque commune devait élire un agent municipal ; la réunion des agents municipaux d'un canton formait la municipalité ou Administration municipale de ce canton ; « il y a de plus, disait la Constitution, un président de l'Administration municipale, choisi dans tout le canton » ; et la Constitution disait aussi que « toute commune dont la population s'élève depuis cinq mille habitants jusqu'à cent mille a, pour elle seule, une administration municipale ». Il n'y avait, dans la partie du Mont-Blanc qui appartient au département actuel de la Savoie, que Chambéry dans ce cas-là. Un Commissaire, nommé par le Directoire exécutif près de chaque Administration municipale, devait surveiller et requérir l'exécution des lois. Ce régime mit quelque temps à s'établir et plusieurs semaines s'écoulèrent, depuis l'entrée en vigueur de la Constitution, avant qu'il fonctionnât partout. Sous le Consulat, ces Administrations cantonales allaient cesser leurs fonctions le 20 avril 1800.

Voici les noms des Commissaires du Directoire exécutif près les Administrations municipales des cantons compris dans le territoire du département actuel de la Savoie ; le premier nom donné pour chaque canton est celui du Commissaire nommé le 26 novembre 1795 ; pour ses successeurs, la date de leur nomination suit leur nom :

Aiguebelle : Hector *Brunier* (11) ; Jacques *Dessalles*, négociant (22), 30 septembre 1797. — **Aime** : Claude *Serrel* (10) ; François *Velluz*, notaire, 18 janvier 1798. — **Aix** : Joseph *Gay* (5). — **Argentine** : Georges *Parent* (11). — **Beaufort** : Théophile *Maigral* (10) ; Louis-Henri *Blanc*, notaire (21), 5 avril 1797. — **Bellentre** : Antoine *Flandin* (10), 9 mars 1796 ; J.-B. *Miédan*, d'Hauteville-Gondon, propriétaire, 28 octobre 1797 ; Joseph *Flandin*, 17 février 1799. — **Bourg-St-Maurice** : Claude-François *Plaisance* (10) ; Joseph *Flandin*, notaire (21), 18 janvier 1798. — **Bozel** : Jean-Pierre *Ravier* (4) ; Joseph *Seguin*, ancien militaire, 18 janvier 1798. — **Chambéry** (ville) : Joseph *Boucier* (11) ; Amédée *Garin* (6), 9 mars 1796 ; Humbert *Ducoudray* (10), 20 mai 1797 ; Claude *Tardy* (8), 8 mars 1799. — **Chambéry** (canton rural) : Claude *Tardy* (8) ; Joseph *Sonnel*, négociant, 8 mars 1799 ; Guillaume *Pithon*, 3 avril 1799. — **Chamoux** : Claude *Lozal*, homme de loi ; Simon *Mollal*, notaire, 15 novembre 1797. — **Conflans** : Joseph-Antoine *Fontaine* (10) ; Joseph *Jacquemoud* ; *Charles*, ancien préfet du collège de Chambéry, 15 mai 1798. — **Feissons** : Bernard *Mugnier* (10), 9 mars 1796 ; Pierre *Pont*, notaire, 7 avril 1798. — **Flumet** : Charles-Joseph *Goutry*, notaire ; Joseph *Besson*, notaire, 7 avril 1798. — **Fontcouverte** : Etienne *Guille* (11) ; Saturnin *Boullaz* (11), 30 septembre 1797 ; Georges *Gilbert*, géomètre, 4 décembre 1797. — **Grésy** : Thomas *Bouchet*, notaire ; Pierre-Antoine *Ricel* (5), 9 mars 1796 ; Joseph *Sylvoz*, officier de santé, 18 janvier 1798. — **La Biolle** : Claude-Gabriel *Michon*, notaire. — **La Chambre** : Saturnin *Guille* (11) ; François *Clerc* (3), 9 mars 1796 ; Antoine *Gravier*, 7 avril 1798. — **Lanslebourg** : Antoine *Darrieux*, notaire (22) ; Pierre-Joseph *Gagnière*, propriétaire, 30 juillet 1798. — **La Rochette** : Joseph-Noël *Chamay*, notaire (30) ; *Michaud*, instituteur, 6 mars 1796. — **Le Bourget** : Pierre-Antoine *Béroud*, papetier ; Pierre *Perrely*, notaire, 9 mars 1796 ; Pierre *Richard*, rentier, 20 mai 1797. — **Le Châtelard** : Jacques *Berlin*, notaire (25) ; Louis *Carrel*, d'Ecole, rentier, 23 février 1796. — **Le Pont-de-Beauvoisin** : Joseph *Durochal*, propriétaire ; Etienne *Thonion*, rentier, 23 décembre 1798. — **Lescheraine** : Louis *Carrel*, ci-dessus nommé ; Laurent *Ronchel*, homme de loi, 23 février 1796 ; J.-B. *Turinaz*, propriétaire, 7 avril 1798. — **Les Echelles** : Jean *Riondel*, commerçant. — **Les Marches** : Louis *Desgeorges* (4). — **L'Hôpital** : Joseph-François *Montserrat* (10) ; Joseph *Lerrel*, homme de loi ; Joseph *Velal* (5), 5 décembre 1797. — **Modane** : Gaspard *Grange*, notaire (22) ; Antoine *Lanfrey*, commerçant (22), 18 janvier 1798. — **Montmélian** : François *Jallabert*, homme de loi. — **Moûtiers** : Henri-Blaise *Richard*, avoué ; Joseph *Reymond* (10), 18 janvier 1798 ; Laurent *Arel* (3), 28 octobre 1798. — **Novalaise** : Henri *Navier*, notaire ; Pierre *Girerd*, notaire, 9 mars 1796 ; *Frandin*, propriétaire, 30 septembre 1797. — **Ruffieux** : François *Forlis*, avocat ; Pierre-Marc *Forlis*, ancien officier de cavalerie (20), 30 septembre 1797. — **St-Alban** : Barthélemy *Blanchet*, notaire ; Jérôme *Nicoud*, notaire, 30 septembre 1797. — **Ste-Foy** : François *Gonthier*, notaire (21). — **Ste-Hélène-du-Lac** : *Clans*, notaire. — **St-Etienne-de-Cuines** : Colomban *Frasse*, juge de paix ; Pierre-François *Thiabaud* (11), 9 mars 1796 ; François *Gojon*, de La Chambre, notaire (27, 30, 34), 18 janvier 1798 ; J.-M. *Munier*, de La Chambre, commerçant, 26 juin 1798. — **St-Genis** : Pierre *Bidal*, rentier. — **St-Jean-de-Belleville** : Etienne *Roche* (10). — **St-Jean-de-Maurienne** : François *Clerc* (3) ; Jean *Gilbert* (3), 20 mai 1797 ; Saturnin *Guille* (11), 26 juin 1798. — **St-Michel** : Louis *Dupras*, officier de santé, 9 mars 1796. — **St-Pierre-d'Albigny** : Jean-Claude *Grassis*, notaire, 23 février 1796 ; Claude *Geoffray*, notaire ; *Dubois*, secrétaire du receveur des Domaines, 8 mars 1799. — **St-Thibaud-de-Couz** : Henri *Vichel*, propriétaire ; *Lasalle*, avocat, 7 avril 1798 ; Sébastien *Tiollier*, rentier, 30 septembre 1798 ; François *Martin*, propriétaire, 17 septembre 1799. — **Sollières** : Pierre-Joseph *Laloux* ; *Lombard*, chirurgien, 13 décembre 1797 ; Antoine *Salomon*, 3 avril 1799. — **Ugine** : Joseph *Delachenal*, notaire (18). — **Valloire** : Michel *Ferrier* ; Alexis *Magnin* (11) ; Jean-François *Magnin*, géomètre (22), 7 avril 1798. — **Yenne** : Jacques *Belly*, notaire (20) ; Joseph *Reinaud*, officier de santé, 18 janvier 1798.

III. — Période du Consulat et de l'Empire — 1800-1814

15. — *Le Préfet*

Antoine *de Sauzay*, de Lyon, était membre de l'Administration du département de la Seine lorsque le premier consul le nomma préfet du Mont-Blanc, le 1er mars 1800. Installé le 27 du même mois, il fut élu par le Sénat conservateur, le 27 mars 1802, député du Mont-Blanc au Corps législatif.

Joseph *de Verneilh* le remplaça à Chambéry, nommé préfet le 28 avril 1802 ; homme de loi, il avait été membre du Conseil général du département de la Dordogne, député à l'Assemblée législative, et il était préfet de la Corrèze quand il fut nommé dans le Mont-Blanc.

Charles *Poitevin de Maissemy*, de Compiègne, l'y remplaça. Conseiller avant la Révolution en la Cour des Aides de Paris, il avait passé en 1788 à la Direction générale de la librairie, et il avait été plus tard préfet du Pas-de-Calais lorsqu'il fut nommé, par arrêté du 9 mars 1804, à Chambéry, qu'il quitta ensuite pour la préfecture de la Somme.

Antoine-Bernard *Finot* (24, 27), de Dijon, ancien élève de l'école polytechnique, auditeur au Conseil d'Etat, fut nommé préfet le 30 novembre 1810 ; encore en fonctions en 1814.

Le secrétaire général de la Préfecture, pendant toute cette période et jusqu'à la Restauration sarde, fut Joseph *Palluel* (1[illegible]).

16. — *Les Sous-Préfets*

Arrondissement d'**Annecy**. — François *Favre*, d'Annecy, avocat, ancien député au Conseil des Cinq-Cents, fut nommé sous-préfet par décret du 30 mars 1800, et bientôt révoqué. Un arrêté du 14 décembre 1800 le remplaça par Joseph-François-Victor *Saulier de Monthoux*, ancien sénateur au Sénat de Savoie et alors président du Tribunal de première instance d'Annecy, qui fut élu par le Sénat conservateur, le 27 mars 1802, membre pour le Mont-Blanc du Corps législatif. Samuel *Bernard*, ancien administrateur de la monnaie en Egypte, lui succéda, nommé par arrêté du 3 mai 1802, et fut remplacé lui-même par *Lemaignan*, ancien capitaine de cavalerie, qui fut nommé le 3 février 1804 et qui mourut le 10 octobre 1809. L'intérim fut fait alors par Antoine *Curtet* (7), jusqu'au 14 janvier 1811, date de la nomination de Félix-Léonard *de Roussy*, de Saint-Domingue, plus tard préfet des Ardennes, de la Vendée, des Deux-Sèvres et des Hautes-Alpes, marquis de Roussy de Sales.

Arrondissement de **Chambéry**. — La loi du 17 février 1800 avait dit que, « dans les arrondissements communaux où sera situé le chef-lieu de département, il n'y aura point de sous-préfet ». Un décret du 26 décembre 1809 revint sur ce principe, mais c'est seulement le 3 octobre 1811 qu'Antoine-François *Sirot*, auditeur au Conseil d'Etat (24), fut nommé « sous-préfet de l'arrondissement du chef-lieu de la préfecture du département du Mont-Blanc ». En 1814, quand le sénateur comte de St-Vallier, commissaire extraordinaire de l'empereur dans la 7e division militaire, quitta Chambéry pour Grenoble, chef-lieu de cette division, le sous-préfet Sirot l'y suivit, « attaché à la mission de M. le sénateur » ; le préfet le remplaça dans ses fonctions par Jean-François *Gabet* (5), doyen du Conseil de préfecture.

Arrondissement de **Moûtiers**. — Laurent *Arel* (3), nommé par décret du 30 mars 1800, garda ses fonctions pendant toute cette période.

Arrondissement de **St-Jean-de-Maurienne**. — François-Jean-Marie *Bellemin* (5), nommé par décret du 30 mars 1800, garda ses fonctions pendant toute cette période.

17. — *Le Conseil de Préfecture*

La loi du 17 février 1800 avait fixé à cinq, pour le Mont-Blanc, le nombre de ses membres, qui furent nommés par décret du 30 mars 1800 : Jean-François *Gabet* (5) ; Etienne Aubriot de *La Palme* (5) ; Joachim *Léger* (4) ; Balthazard *Mermoz* (5) ; Philibert *Rossel de Tours* (7).

Léger et Rosset de Tours refusèrent ces fonctions. L'arrêté du 14 mai 1800 les remplaça par Charles *Bavoux* (12) et Henri *Emery* (5). L'arrêté du 3 juin suivant remplaça Mermoz, devenu directeur des contributions, par Jean-François *Garnier*, propriétaire à Bissy, qui décéda peu après et fut remplacé, le 1er septembre 1801, par Pierre-Marie *Grand* (4).

Le Conseil, ainsi composé de Bavoux, Emery, Gabet, Grand et La Palme, ne fut plus modifié qu'une fois, quand le décret du 28 mai 1812 remplaça La Palme, décédé, par Claude-François *Bain*, de Chambéry, avocat et professeur de droit, qui fut sénateur après la restauration sarde (18, 23, 26, 27, 32).

18. — *Le Conseil général du département*

La loi du 17 février 1800 avait fixé à vingt-quatre, pour le Mont-Blanc, le nombre de ses membres, qui devaient être nommés par le premier consul pour trois ans et pouvaient être continués. Ces membres, nommés par décret du 24 juin 1800, furent : Claude-François *Anthonioz*, d'Annecy, médecin — Claude-François *Bain* (17), remplacé le 10 avril 1813 — J.-B. *Bellaz*, de Chambéry, négociant, directeur de l'enregistrement, remplacé le 20 mars 1812 — Michel *Blanc*, de Beaufort, propriétaire, remplacé après décès le 22 décembre 1809 — Noël *Brunet*, baron de St-Jean-d'Arves, ancien juge mage de Maurienne et de Tarentaise, maire de St-Jean-de-Maurienne du 24 mars au 12 octobre 1793 (24, 31) — Amédée *Chevalley*, d'Aix, homme de loi (23) — Pierre-François *Clerc*, de Chambéry, agent des finances royales avant la Révolution — Henri *Crelel*, du Pont-de-Beauvoisin, rentier, remplacé après décès le 22 décembre 1809 — Joseph *Daquin*, de Chambéry, médecin des Hospices, professeur d'histoire naturelle — Joseph *Delachenal*, d'Ugine (11), remplacé après démission le 22 décembre 1809 — J.-B. *Dubois* (10), remplacé après décès le 22 décembre 1809 — Jean-Marie *Durandard*, de Moûtiers, homme de loi (32, 34), élu le 2 mai 1809 par le Sénat conservateur membre pour le Mont-Blanc du Corps législatif, remplacé au Conseil général le 29 août 1809 — Jean-Pierre *Dussollier* (7), remplacé le 19 avril 1801 — Jean-Antoine *Feige* (5), remplacé le 19 avril 1801 — Pierre *Forest*, de Chambéry, négociant, remplacé après décès le 28 juin 1801 — Michel *Gumery*, avocat, maire de Moûtiers en 1792-3, ancien membre de la Convention et du Conseil des Anciens, remplacé après décès le 22 décembre 1809 — Jean-Joseph *de Juge* de Pieuillet, de Rumilly, ancien substitut avocat général au Sénat, remplacé après décès le 19 avril 1801 — J.-B. *Laymond* (3), remplacé après démission le 29 août 1809 — Jean-François *Mollot*, de St-Pierre-d'Albigny, notaire, remplacé après décès le 22 décembre 1809 — Jean-François *Pichon*, de Montmélian, notaire (24) — Jacques-François *Portier*, de Ste-Hélène-des-Millières, notaire — Marc *Revoire* (4), remplacé après décès le 22 décembre 1809 — J.-B. comte *Salteur-Balland*, de Chambéry, ancien sénateur au Sénat de Savoie, ancien président du jury d'instruction publique (32), remplacé après décès le 10 avril 1813 — Claude-Nicolas *Verney* (5), remplacé en 1809.

Dans la suite, il fut procédé périodiquement, par tirages au sort, à la désignation de ceux qui devaient sortir ; de nouvelles nominations pourvurent à ces vacances, ainsi qu'aux siéges des membres décédés ou démissionnaires. C'est dans ces conditions que furent nommés, aux dates indiquées à la suite de leurs noms, rangés ici dans l'ordre alphabétique : Jean-Marie *Abondance* (29, 33, 34), de Moûtiers, ancien substitut avocat fiscal général au Sénat de Savoie (29 août 1809, remplacé après décès le 20 mars 1812) — Pierre-Antoine *Albrieux* (22, 23, 30, 34), de St-Jean-de-Maurienne, ancien lieutenant juge mage, sénateur au Sénat de Savoie après la restauration sarde et baron en 1824 (29 août 1809) — J.-B. *André*, de Chambéry, rentier, adjoint au maire (10 avril 1813) — Laurent *André*, receveur des finances (19 avril 1801, remplacé après décès le 10 mars 1802) — Joseph-Antoine *Balmain* (24), d'Epierre, maître de forges (22 décembre 1809) — Ambroise *Blanc* (21), de Beaufort, notaire (22 décembre 1809) — Benoît *de Boigne*, de Chambéry, ancien général au service du roi des Mahrattes, plus tard comte de Boigne (10 avril 1813) — Victor *Costa*, marquis de Saint-Genis-Beauregard (26), de La Motte-Servolex, ancien officier au service du roi de Sardaigne (20 mars 1812) — Antoine *Defresne*, d'Annecy, ancien trésorier provincial (22 décembre 1809) — Joachim *Exertier* (7), (22 décembre 1809) — Jean - Marie *Falquet* (7), (19 avril 1801) — Félix *Gagnon*, des Echelles, ancien avocat au Parlement de Grenoble (19 avril 1801) — Joseph-André *de Garand*, avocat, ancien fonctionnaire à la royale Chambre des comptes de Turin, maire de Rumilly (22 décembre 1809) — Philibert-Amédée *Greyfié de Bellecombe* (23, 24), ancien officier au service du roi de Sardaigne, maire de Moûtiers, fait comte en 1825 (22 décembre 1809) — Joachim *Léger* (4), 28 juin 1801 — Charles-Claude *Mongenet*, ingénieur en chef des ponts et chaussées (22 décembre 1809, remplacé le 10 avril 1813) — Joseph *Reymond* (10), 20 mars 1812 — Joseph-Philibert-César *Salteur* marquis *de La Serraz* (23), ancien syndic noble de la ville de Chambéry (10 mars 1802) — Hugues-Jean-Baptiste *Tiffel*, de Molay (Côte-d'Or), directeur des domaines à Chambéry (8 avril 1810, « en remplacement d'un membre deux fois nommé ») — Hector *Vulliet de La Saunière*, marquis d'Yenne, ancien colonel (10 avril 1813).

19. — *Le Conseil d'arrondissement d'Annecy*

Les membres des Conseils d'arrondissement, qui devaient être au nombre de onze, étaient nommés et remplacés comme les membres du Conseil général. Les premiers nommés, par décret du 24 juin 1800, furent : Alexis *Collomb* (7) — Joseph-Marie *Delachenal*, d'Ugine, remplacé le 19 avril 1801 — Antoine *Descostes*, de Vaux, remplacé après décès le 19 avril 1801 — Alphonse *Dufourd* (5) — Jean-Pierre *Dussollier* (7) — Henri-Balthazard *Dussaugey*, de Menthon, notaire — Michel *Jacquier*, de Rumilly, rentier (28), remplacé le 22 décembre 1809 — J.-B. *Lalkuille*, de Thônes, notaire, remplacé après décès le 20 mars 1812 — Jean-Louis *Paget* (7) — Jean-Pierre *Probel*, de Faverges, chirurgien — Jacques *Velland*, de Talloires, ancien greffier, remplacé le 22 décembre 1809.

Furent nommés dans la suite, aux dates indiquées après leurs noms, rangés ici dans l'ordre alphabétique : Jacques *Carron*, d'Annecy, médecin (22 décembre 1809) — Joseph *Delachenal*, d'Ugine (19 avril 1801) — Aimé *Depommier*, des Clefs, notaire (20 mars 1812) — Joseph *Descoles*, de Rumilly, notaire (19 avril 1801, remplacé le 22 décembre 1809) — Pierre-François *Durod*, maire de Thônes, ancien commissaire à terriers (22 décembre 1809) — Pierre *Mermier*, maire de Clermont (22 décembre 1809).

20. — *Le Conseil d'arrondissement de Chambéry*

Les premiers membres nommés, par décret du 24 juin 1800, furent : Jacques *Belly* (14), révoqué le 10 septembre 1803 — Gaspard *Chabert* (5), remplacé le 22 décembre 1809 — Joseph *Curtillel*, d'Aix, rentier, remplacé le 22 décembre 1809 — Joseph *Dimier*, de La Biolle, notaire — J.-B. *Dufaug*, de St-Pierre-d'Albigny, notaire, remplacé après démission le 14 juin 1801 — François *Dumaz*, du Noyer, notaire — Charles *Dupasquier*, de Chambéry, avoué, révoqué le 10 septembre 1803 — Hyacinthe *Guy*, de Cognin, négociant, remplacé après décès le 22 décembre 1809 — Henri *Lacroix*, de St-Genis, homme de loi, remplacé après décès le 14 juin 1801 — François *Turrel*, de Montmélian, négociant — François *Villal* (4), remplacé après décès le 14 juin 1801.

Furent nommés dans la suite, aux dates indiquées après leurs noms rangés ici dans l'ordre alphabétique : Charles-François *Belly*, de Billième, ancien officier de l'armée sarde (14 juin 1801) — Pierre-Hyacinthe *de Bullel* de Tresserve (23, 26), conseiller municipal de Chambéry (20 mars 1812) — Joseph *Cholal*, du Pont-de-Beauvoisin, notaire (22 décembre 1809) — Pierre-Marc *Fortis* (14), (22 décembre 1809) — Charles-Antoine *Mansord* (26), avocat, maire de Chambéry de 1792 à 1795 et membre du Conseil des Cinq-Cents (14 juin 1801) — Pierre-Gabriel-Laurent *de Morand*, baron de Montfort, ancien colonel du régiment de Maurienne (22 décembre 1809, remplacé après décès le 20 mars 1812) — Charles-Emmanuel *Perret* (10), (22 décembre 1809) — Claude-François *Pagel*, d'Arvillard, notaire (14 juin 1801) — Joseph *Sancet* (32), de Chambéry, avocat (14 juin 1801, remplacé après décès le 22 décembre 1809) — Frédéric *Trepier de Latour* (25), de St-Genis, homme de loi (14 juin 1801, remplacé après démission le 10 mai 1813).

21. — *Le Conseil d'arrondissement de Moûtiers*

Les premiers membres nommés, par décret du 24 juin 1800, furent : Louis *Barral*, de Bozel, propriétaire, remplacé après démission le 20 mars 1804 — Alexis *Bérard-Blais*, de Moûtiers, négociant — Louis-Henri *Crosé* (10), remplacé après décès le 22 décembre 1809 — Maxime *Fontaine*, de Conflans, notaire — François *Gonthier* (14), remplacé le 22 décembre 1809 — Jean-Jacques *Martin*, de Bourg-St-Maurice, juge de paix, remplacé après décès le 29 août 1809 — Jean *Mollier*, du Villard-de-Beaufort, propriétaire — Bernard *Mugnier* (10) — Claude *Muraz*, de Moûtiers, notaire, remplacé le 22 décembre 1809 — Maurice *Richerme*, de Bellentre, juge de paix, remplacé après démission le 22 décembre 1809 — Joseph *Udry*, de St-Martin-de-Belleville, propriétaire, remplacé après démission le 20 mars 1801.

Furent nommés dans la suite, aux dates indiquées après leurs noms, rangés ici dans l'ordre alphabétique : Ambroise *Blanc* (18), (20 mars 1801, remplacé le 20 mars 1812) — Louis-Henri *Blanc* (14), (22 décembre 1809) — Jacques-Martin *Crey* (23), de St-Martin-de-Belleville, notaire (20 mars 1801) — Joseph *Flandin* (14), (29 août 1809) — Pierre-François *Griolleray*, de Montvalezan-sur-Séez, propriétaire (22 décembre 1809) — Jean-Joseph *Jacquemard* (3), (22 décembre 1809) — Pierre *Reymond*, de Bozel, notaire (22 décembre 1809) — Jean-Joseph *Roche* (23), notaire, ancien premier secrétaire de l'intendance de Tarentaise, directeur des Salines impériales

(20 mars 1804) — Joseph-Antoine *Serrel*, d'Aime, notaire (20 mars 1812).

22. — *Le Conseil d'arrondissement de St-Jean-de-Maurienne*

Les premiers membres nommés, par décret du 24 juin 1800, furent : Pierre-Antoine *Albrieux* (18), remplacé le 22 décembre 1809 — Saturnin *Boullaz* (11) — François *Clerc* (3), remplacé après décès le 22 décembre 1809 — Antoine *Darrieux* (14) — Jean-Antoine *Frige* (5), remplacé après décès le 20 mars 1812 — Charles - Joseph *Francoz*, de St-Michel, notaire — Jean *Gilbert* (3), remplacé le 22 décembre 1809 — François *Gojon* (14), remplacé après démission le 20 mars 1812 — Antoine *Lanfrey* (14), remplacé le 20 mars 1804 — Jean-François *Magnin* (14), remplacé le 20 mars 1804 — Laurent *Ravoire*, de La Chambre, notaire.

Furent nommés dans la suite, aux dates indiquées après leurs noms rangés ici dans l'ordre alphabétique : Sébastien *Berthelot*, de St-Michel, notaire (20 mars 1804, remplacé après décès le 22 décembre 1809) — Laurent *Borgé*, chirurgien, nommé maire de St-Jean le 21 juillet 1800 (20 mars 1812) — Catherin *Collier* (11), (20 mars 1804) — J.-B. *Charvoz*, de St-Michel, homme de loi (22 décembre 1809) — Jacques *Dessalles* (14), (22 décembre 1809) — Gaspard *Grange* (14), (20 mars 1804) — Saturnin *Guille* (11), (22 décembre 1809) — J.-B. *Rostaing*, de Ste-Marie-de-Cuines, notaire (22 décembre 1809) — Etienne *Tournaz*, de Modane, maître de forge (20 mars 1812).

IV. — Organisation administrative en 1814 et 1815

23. — *L'occupation de* 1814

L'invasion du territoire obligea le préfet du Mont-Blanc à sortir de Chambéry le 19 janvier ; toutefois, il ne quittait pas le département et se retira en Maurienne. Le lendemain, 20 janvier, le baron de Zechmeister, commandant un corps de l'armée autrichienne, entré à Chambéry, prit une ordonnance prescrivant que « les autorités civiles et judiciaires continueront provisoirement l'exercice de leurs fonctions ». Les fonctions de « préfet provisoire » furent alors remplies, pour le territoire occupé, par J.-B. *d'Oncieu* (26), marquis de La Batie, ancien capitaine au régiment de Savoie, qui fut plus tard gouverneur du duché de Savoie et qui était alors maire de Chambéry, nommé par décret du 3 avril 1813. Les Autrichiens, repoussés, abandonnèrent Chambéry le 19 février, et le préfet y rentra aussitôt, pour en repartir à la fin de mars, après d'autres événements militaires.

Le général feld-maréchal Bubna, commandant le corps autrichien dans les départements du Mont-Blanc et du Léman, entré à Chambéry le 1er avril, y prit, le 2, une ordonnance pour nommer une **Commission Centrale**, dont il précisa les pouvoirs par une autre ordonnance, du 5. « La Commission Centrale, y disait-il, nommée par notre arrêté du 2 de ce mois aux fins de pourvoir à l'approvisionnement des armées alliées pendant leur séjour dans le département du Mont-Blanc, est provisoirement investie de toute l'autorité administrative centrale ; elle sera exercée par elle comme elle l'était précédemment par le préfet ; cette Commission ne pourra, sous aucun prétexte, se refuser à ses nouvelles fonctions ». La Commission, qui les exerça sous l'autorité du chevalier de Mertens, secrétaire aulique de l'empereur d'Autriche, gouverneur civil du département du Mont-Blanc, avait été composée par Bubna de sept membres : Joseph-Philibert-César *Salteur de La Serraz* (16), président ; Pierre-Hyacinthe *de Buttet* de Tresserve (20), vice-président ; Jean-François *Gabet* (5) ; Pierre-Marie *Grand* (4) ; Philibert-Amédée *Greyfié de Bellecombe* (18) ; Pierre *Jacquemoud*, de Chambéry, avocat ; Joseph *de Thiollaz*, d'Annecy, avocat. La Commission Centrale tint sa première séance à Chambéry le 2 avril.

Par son ordonnance du même jour, complétée par celle du 5, Bubna l'avait chargée de nommer, « sous notre approbation, pour chacun des arrondissements du département, une **Commission Subsidiaire** », qui devait être « provisoirement investie des fonctions exercées précédemment par le sous-préfet ». Il y eut donc des Commissions Subsidiaires à Annecy ; à Chambéry (président Claude-François *Bain*, 17) ; à Moûtiers (président Jean-Marie *Bal*, 10) ; et à St-Jean-de-Maurienne (président Pierre-Antoine *Albrieux*, 18). La Commission Subsidiaire de l'arrondissement de Chambéry, qui tint sa première séance le 5 avril, comprenait, avec le président déjà nommé, Balthazard *d'Alexandry*, ancien juge mage de Savoie (24, 32) ; Gaspard *Chabert* (5) ; Amédée *Chevalley* (18) ; Joachim *Léger* (4) ; Nicolas *de Maistre*, ancien colonel au régiment de Savoie (26) ; *T. Morand*;

Joseph Piochet comte *de Salins*, ancien officier au service de Sardaigne (26) ; E. de Ville marquis *de Travernay* (26). — La Commission Subsidiaire de l'arrondissement de Moûtiers comprenait, avec le président déjà nommé, Jacques-Martin *Crey* (21) ; Henri *du Verger*, de Moûtiers, propriétaire (21) ; Joseph *Reymond* (10) ; Jean-Joseph *Roche* (21).

La Commission Centrale tint sa dernière séance le 15 juin 1814, jour où le gouverneur civil cessa aussi ses fonctions pour remettre l'autorité au baron Finot, « chargé par le roi de France de prendre possession de la partie de la Savoie qui lui est acquise par le traité de paix ». Les Autrichiens allaient évacuer Chambéry le 18 juin.

24. — *La première Restauration*

C'est donc le 15 juin 1814 qu'Antoine-Bernard *Finot* (15) prit possession au nom de Louis XVIII « des parties des départements du Mont-Blanc et du Léman que le traité de paix réunissait à la France ». Le gouvernement royal, en lui conservant ses fonctions de préfet, conservait aussi les autres autorités et corps constitués antérieurement à l'invasion.

Toutefois, il n'y avait plus de sous-préfets ni à Moûtiers, ni à St-Jean-de-Maurienne, dont la France avait perdu les arrondissements, et d'autre part l'annexion au Mont-Blanc d'une partie de l'ancien département du Léman avait amené l'érection de Rumilly en chef-lieu d'arrondissement. A Annecy, l'ordonnance du 16 juillet 1814 remplaça le sous-préfet de Roussy, nommé préfet des Ardennes, par François *Ruphy* (3). A Chambéry, Antoine-François *Sirot* (16), maintenu sous-préfet, prêta serment le 22 septembre. A Rumilly, François-Jean-Marie *Bellemin* (5) fut nommé le 17 décembre.

Pendant ce temps, dans le territoire qui allait être restitué au roi de Sardaigne, le gouverneur autrichien chevalier de Mertens continua d'abord ses fonctions, en s'intitulant gouverneur civil de la partie du département du Mont-Blanc non cédée à la France. Par ordonnance du 19 juin 1814, « considérant que les arrondissements de St-Jean-de-Maurienne et de Moûtiers, ainsi que celui de St-Pierre-d'Albigny nouvellement formé avec les cantons et communes des sous-préfectures de Chambéry et Annecy non cédés à la France, conservent provisoirement leurs rapports avec le gouvernement autrichien », il créa un **Conseil Provisoire**, qui devait siéger à St-Jean-de-Maurienne « pour administrer toute la partie du Mont-Blanc non cédée à la France », avec les pouvoirs d'un préfet. Le gouverneur nommait à ce Conseil : Philibert-Amédée *Greyfié de Bellecombe* (18), président ; Noël *Brunel* (18), vice-président ; Balthazard *d'Alexandry* (23) ; Joseph-Antoine *Balmain* (18) ; Joseph-Ignace *Deschamps* (30), avocat, maire de St-Jean-de-Maurienne jusqu'au 24 mars 1793 ; Henri *du Verger* (23) ; Joseph *Reymond* (10). — Le gouverneur leur adjoignit, le 22 juin, deux autres membres, qui devaient représenter au Conseil le nouvel arrondissement de St-Pierre-d'Albigny, savoir : Jean-François *Pichon* (18), et Jean-Eugène de Nicolle *de La Place*, ancien officier au régiment de Maurienne.

Les Commissions Subsidiaires étaient maintenues dans cette organisation provisoire, pour exercer les fonctions de sous-préfet, à Moûtiers et à St-Jean-de-Maurienne, et une troisième était créée, par le même gouverneur civil autrichien, à St-Pierre-d'Albigny, où il avait désigné pour en faire partie, le 19 juin 1814 . Pierre-François Paernat *de La Palud*, ancien officier au service de Sardaigne, président ; Joseph *Anselme*, maire de L'Hôpital, commerçant ; Jacques *Le Blanc* de Cernex ; Joseph-Louis-Alexandre *Magdelain*, maire d'Ugine ; Joseph *Millioz*, de St-Pierre-d'Albigny, notaire. Joseph Anselme démissionna quand la Commission Subsidiaire transféra, le 12 juillet, son siège à Montmélian, et il fut remplacé par Joseph *Cornuty*, de L'Hôpital, avocat. — A la Commission Subsidiaire de Moûtiers, d'où Henri du Verger et Joseph Reymond avaient passé au Conseil Provisoire de St-Jean, ce Conseil les remplaça le 24 juin par Nicolas *Bonod* (10) et François-Philibert *Reymond*, employé aux Salines.

Cette Commission siégea jusqu'au 14 novembre 1814, et celle de St-Pierre-d'Albigny jusqu'au 7 décembre. Le Conseil Provisoire de St-Jean avait tenu sa dernière séance le 26 septembre, à l'arrivée du comte Caccia, nouvel intendant général du duché de Savoie pour le roi de Sardaigne.

25. — *Les Cent Jours*

Le baron Finot cessa ses fonctions de préfet le 14 mars 1815, quand Napoléon était sur la route entre Lyon et Paris. L'intérim fut fait par Henri Emery (5), doyen du Conseil de préfecture, jusqu'au 1er avril, date de l'installation du nouveau préfet, *de Viefville des Essarts*, nommé par décret du 25 mars.

Dans les sous-préfectures, à Annecy, Philippe-

Gabriel *Rolin*, membre de l'Université, fut nommé sous-préfet, le 29 avril, par le baron Bourdon-Vatry, commissaire extraordinaire de l'empereur en mission dans la 7ᵉ division militaire. A Chambéry, le même commissaire nomma sous-préfet, le 22 avril, Sigisbert *Marin de Saint-Clet*, qui fut confirmé par décret du 11 mai. A Rumilly, François-Jean-Marie *Bellemin* (5) fut maintenu, et confirmé par décret du 15 juin.

Au Conseil de préfecture, Jean-François Gabet (5), qui avait démissionné le 24 septembre 1814 pour entrer au service du roi de Sardaigne, fut remplacé le 17 mars par Anthelme *Marin*, de Chambéry, ancien substitut de l'avocat fiscal général au Sénat de Savoie, ancien député du Mont-Blanc à la Convention, ancien membre du Conseil des Cinq-Cents.

Au Conseil de l'arrondissement de Chambéry, le commissaire extraordinaire nomma, le 29 avril : Jacques *Bertin* (14) ; Jacques *Dumaz* (1) ; Pierre *François*, d'Aix ; Claude *Gruat*, ancien maire de Chambéry du 28 janvier 1804 au 3 avril 1813 ; Henri *Navier* (14) ; et Frédéric *Trépier de Latour* (20).

26. — *L'occupation de 1815*

Le préfet des Cent-Jours cessa ses fonctions à l'invasion, le 1ᵉʳ juillet 1815, et le 3 parut à Chambéry un ordre du jour du général comte Bubna, commandant l'aile gauche de l'armée alliée d'Italie, qui annonçait qu'une **Commission Départementale** allait être nommée, pour exercer les fonctions de préfet, par le baron Reviczky, intendant de l'armée impériale et royale d'Italie. Celui-ci, le même jour, nomma, « pour maintenir l'ordre et la tranquillité et alléger autant que possible le fardeau de la guerre dans ce département », cette Commission Départementale, composée de J.-B. *d'Oncieu*, marquis de La Bâtie (23), président ; Pierre-Hyacinthe *de Buttet* de Tresserve (20), vice-président ; Eugène *Capré* comte de Megève ; Victor *Costa* marquis de Sᵗ-Genis-Beauregard (18) ; Pierre-Marie *Grand* (4) ; Nicolas *de Maistre* (23) et Charles-Antoine *Mansord* (20), que remplaça, le 6 juillet, Joseph Piochet comte *de Salins* (23).

Dans les chefs-lieux d'arrondissement, sauf à Rumilly où le sous-préfet Bellemin n'avait pas quitté son poste, on créa, à la même date, pour exercer les fonctions de sous-préfet, des « **Commissions d'arrondissement** ». Celle de Chambéry fut composée de Claude-François *Bain* (17), président ; Gaspard *Chabert* (5) ; Joachim *Léger* (4) ; Joseph Piochet comte de *Salins* (23) ; et E. de Ville marquis *de Traversay* (23).

La Commission Départementale siégea du 3 juillet au 3 août.

27. — *La seconde Restauration*

Le Préfet *Finot* (15) reprit ses fonctions le 3 août 1815, en vertu d'une ordonnance royale du 7 juillet. Une ordonnance du 2 août nomma Gaspard-Sébastien *Brunet* sous-préfet de Chambéry. A Annecy, François *Ruphy* (3) reprit ses fonctions de sous-préfet. Au Co[illegible] de préfecture siégeaient toujours Claude-François *Bain* (17), Charles *Baroux* (12), Henri *Emery* (5) et Pierre-Marie *Grand* (4).

Le 17 décembre, à Chambéry, le préfet remit ses pouvoirs au comte Gabaleone d'Andezeno, gouverneur du duché de Savoie pour le roi de Sardaigne.

APPENDICE

Organisation judiciaire

I. — Période de la Convention — 1793-1795

En 1792, après l'entrée de l'armée française, le Sénat de Savoie, cour souveraine de justice, continua de siéger à Chambéry, comme il en avait été requis le 25 septembre par le général de Montesquiou, arrivé la veille dans la ville. Les juges-mages des provinces, qui y rendaient la justice en première instance, furent aussi maintenus : en Savoie-Propre, Balthazard d'Alexandry ; en Maurienne, Joseph Gravier ; en Tarentaise, Noël Brunet.

Les lois françaises alors en vigueur comportaient, dans chaque district, un Tribunal civil, composé de cinq juges, les tribunaux de district étant tribunaux d'appel les uns à l'égard des autres. Au criminel, un Tribunal criminel au chef-lieu du département, composé d'un président, d'un accusateur public, et de trois juges pris à tour de rôle parmi les membres de tribunaux de district. Tous ces magistrats devaient être élus. Les élections eurent lieu en mars 1793. Le Sénat cessa ses fonctions le 22 du même mois.

28. — *Le Tribunal du district de Chambéry*

Il fut d'abord composé, après les élections de mars 1793, de Pierre-Louis *Vignet* (8), président ; Jean-

Antoine *Bonjean* (8) ; Hyacinthe-François *Garin*, ancien syndic de Chambéry, avocat (32,34) ; Etienne Aubriot de *La Palme* (5) ; Claude-Humbert *Tiollier*, de Chambéry, ancien substitut de l'avocat fiscal général.

Par arrêté du 10 mars 1794, le représentant Albitte épura ce personnel, maintint Garin qu'il fit président, et nomma Louis *Chapperon*, de Chambéry, notaire ; Michel *Jacquier* (19) ; *Puget*, perruquier ; Antoine *Sanche* (3) ; Commissaire national, Claude-Nicolas *Verney* (5).

Par arrêté du 14 novembre 1794, en maintenant Garin président, Chapperon et Jacquier, le représentant Gauthier nomma Gaspard *Chabert* (5) et Pierre *Chamoux* (5) ; le 11 décembre, il remplaça le commissaire national Verney par François *Peylarin*, de Chambéry, avocat.

En juin 1795, nouveau remaniement par le représentant Bion, et enfin, par arrêté du 13 juillet, le Comité de Législation de la Convention nomma Pierre-Louis Vignet, président ; François *Bonlron*, de Chambéry, avocat (32) ; *Jaillet* ; Claude *Picollet* (3) ; Claude-Louis *Pillet* (12). Commissaire national, Jacques-François *Garel*, de Chambéry, avocat (32,35).

29. — *Le Tribunal du district de Moûtiers*

Les magistrats élus le 11 mars 1793 furent : Benoît *Fontanil* (3), président ; Joseph *Cartanas* (10) ; J.-B. *Dubois* (10) ; Maurice *Perrot*, homme de loi (32,34) ; Joseph *Reymond* (10). Commissaire national, Jean-Marie *Abondance* (18).

Remanié un an plus tard par le représentant Albitte, le Tribunal fut alors présidé par Pierre-François *Huel*, propriétaire ; Jean-François *Plaisance*, de Moûtiers, procureur, et Jean-Pierre *Ravier* (4) y remplacèrent Cartanas et Dubois ; Joseph Cartanas devint commissaire national.

Le 8 octobre 1794, le représentant Gauthier fit président Joseph *Guichon*, de Moûtiers, notaire ; juge, avec Perrot, Plaisance et Ravier, Joseph *Gucher* (4) ; commissaire national, Joseph Cartanas. Le 14 novembre, il substitua, à Gucher, Etienne *Audé* (10).

30. — *Le Tribunal du district de St-Jean-de-Maurienne*

Les magistrats élus en mars 1793 furent Joseph-Ignace *Deschamps* (24), président ; Pierre-Antoine *Albrieux* (18), Jean-Ignace *Favre* (3), *Martin*, Jean *Mestrallet*, de Termignon, secrétaire insinuateur. Commissaire national, Jean *Gilbert* (3).

Par arrêté du 25 mars 1794, le représentant Albitte nomma président J.-B.-Bonaventure *Deydier*, ancien notaire et puis quartier-maître au 1er bataillon des grenadiers de Paris ; juges : Jean *Lebrun*, cordonnier ; Claude-Aimé *Pichon* (11) ; Pierre-Antoine *Rirel* (5) ; Jean-Claude *Traversat*, propriétaire. Commissaire national, Louis *de Glapigny*, avocat de Chambéry (32).

Le 8 octobre 1794, le représentant Gauthier, en maintenant le président Deydier et le commissaire national, nomma juges Pierre-Antoine *Albrieux*, Joseph *Bourier* (11), Joseph-Noël *Chamay* (14) et François *Gojon* (14). Le 14 novembre, il fit passer Albrieux à la présidence et nomma, avec Chamay et Deydier, François *Guy*, de Chambéry, avocat, et Jacques *Larive* (11).

Enfin, par arrêté du 4 avril 1795, le Comité de Législation de la Convention remplaça Guy par François *Clerc* (3) et Larive par Théodule *Dufresne* (11).

31. — *Le Tribunal criminel du département*

L'assemblée électorale du département, en mars 1793, nomma : président, François-Joseph *Curial*, de Chambéry, avocat, plus tard membre du Conseil des Anciens (34) ; accusateur public, Claude-Louis *Pillet* (12). Le 28 septembre 1793, les représentants Simond et Dumaz remplacèrent Pillet par François *Plagnat*, de Thonon, avocat, lequel fut à son tour, par arrêté du représentant Albitte, en date du 7 mai 1794, remplacé par Jean-François *Favre-Buisson* (5). Enfin, par arrêtés des 5 octobre et 14 novembre 1794, le représentant Gauthier nomma, à ces fonctions d'accusateur public, Antoine *Sanche* (3).

II. — Période du Directoire — 1795-1800

La Constitution de l'an III et les lois des 11 octobre et 5 juin 1795 organisèrent alors la justice. Il y eut à Chambéry, pour tout le département, un Tribunal civil. Le Tribunal civil de chaque département devait être composé d'au moins 20 membres, et d'autant de membres en plus qu'il y avait dans le département de tribunaux correctionnels au-dessus du nombre de trois ; on avait créé dans le Mont-

Blanc 5 tribunaux correctionnels, et son tribunal civil compta donc 22 membres, tant que la création du département du Léman ne lui eut pas fait perdre l'un de ses tribunaux correctionnels. — Il y eut aussi, à Chambéry, un Tribunal criminel de département, qui n'avait en propre que son président et l'accusateur public ; les juges du Tribunal civil y siégeaient à tour de rôle. Des tribunaux civil et criminel du Mont-Blanc, on pouvait appeler à ceux de l'Isère, de l'Ain, des Hautes-Alpes ; eux-mêmes remplissaient le rôle de tribunaux d'appel pour les justiciables de l'Isère, et pour ceux du Léman après sa création.

« Il y a, disait encore la Constitution de l'an III, dans chaque département, pour le jugement des délits dont la peine n'est ni afflictive ni infamante, 3 tribunaux correctionnels au moins et 6 au plus ». Il y en eut 5 dans le Mont-Blanc, savoir : ceux de Chambéry, Moûtiers et St-Jean-de-Maurienne pour les anciens districts de mêmes noms ; celui d'Annecy pour les anciens districts d'Annecy et de Carouge ; et celui de Bonneville pour les anciens districts de Cluses et de Thonon. Ce dernier fut perdu pour le Mont-Blanc à la création du département du Léman.

32. — *Le Tribunal civil du département*

Furent élus en l'an IV : Balthazard d'*Alexandry* (23) ; Jean *Argand*, de Carouge ; Etienne *Audé* (10) ; Claude-François *Bain* (17) ; Jean-Antoine *Bonjean* (8) ; François *Bonlron* (28) ; Claude *Burdallet* (7) ; François *Decrel* (2) ; *Decrey*, de Carouge ; Hyacinthe *Dubois* (4) ; Hyacinthe-François *Garin* (28) ; Jacques-François *Garel* (28) ; Louis *de Glapigny* (30) ; Etienne Aubriot de *La Palme* (5) ; Philibert *Perrety* (4) ; Maurice *Perrol* (29) ; Claude *Picollet* (3) ; Joseph *Picollet*, homme de loi, de St-Julien ; Michel *Pressel*, d'Annecy, homme de loi ; Joseph-Michel *Recordon*, d'Annecy, homme de loi ; J.-B. comte *Salteur-Balland* (18), non acceptant ; Pierre-Louis *Vignel* (8) ; Claude-Humbert *Viviand* (3).

En l'an VII, après quelques démissions et de nouvelles élections partielles, les vingt-et-un membres du Tribunal étaient, avec Audé, Decrey, Gavel, Perrety, Presset et Recordon : Joseph *Bal* (8) ; Joseph *Berthier* (4) ; Joseph *Bourier* (11) ; Jacques *Delabeye* (8) ; Jacques *Dumaz* (1), président, que l'assemblée électorale du 16 avril 1799 remplaça par Humbert *Ducoudray* (10) ; Prudent *Dupasquier*, de Chambéry, notaire ; Jean-Marie *Durandard* (18) ; Victor-Amé *Fleury*, de Chambéry, avocat ; Benoît *Fontanil* (3) ; François *Janin* (8) ; Joseph *Lyonnaz* (4) ; Louis *Marthod*, de Chambéry, avocat ; Laurent *Prallet* (8) ; Jean-François *Rabanis*, de Chambéry, homme de loi ; Joseph *Sancel* (20).

33. — *Le Tribunal criminel et les Tribunaux correctionnels*

Pour le Tribunal criminel, en l'an IV, furent élus : président, Pierre-Louis *Filliard* (8) ; accusateur public, Antoine *Sanche* (3), que l'assemblée électorale remplaça le 16 avril 1799, après son décès, par Jacques *Dumaz* (1).

Il y avait un Commissaire du pouvoir exécutif auprès de chacun des Tribunaux correctionnels ; c'étaient, en 1798, à Chambéry, Charles *Bertrand* (3) ; à Moûtiers, Jean-Marie *Abondance* (18) ; à St-Jean-de-Maurienne, Catherin *Collier* (11).

III. — Période de 1800 à 1815

34. — *Les Tribunaux civils de première instance*

La loi du 18 mars 1800 en plaçait un dans chaque chef-lieu d'arrondissement communal ; elle réglait qu'il y aurait quatre juges à Chambéry, et trois juges à Annecy, à Moûtiers, à St-Jean-de-Maurienne ; elle mettait le Mont-Blanc dans le ressort du tribunal d'appel de Grenoble. En 1814, quand le Mont-Blanc, diminué de tout le territoire qui allait être restitué au roi de Sardaigne, s'agrandit de ce que la France conservait du Léman, la loi du 8 novembre créa un tribunal civil à Rumilly. Au même moment, dans la partie du Mont-Blanc perdue par la France, le gouverneur civil autrichien, en maintenant les Tribunaux civils de Moûtiers et de St-Jean-de-Maurienne, rattachait au premier le canton de L'Hôpital, et au second ceux de La Rochette, Montmélian et St-Pierre-d'Albigny.

A Chambéry, les magistrats nommés en 1800 furent : François-Joseph *Curial* (31), président ; Charles *Bertrand* (3) ; Silvestre *Vernier*, de Chambéry, avocat ; Pierre-Louis *Vignet* (8) ; commissaire du Gouvernement, Hyacinthe-François *Garin* (28) — En 1804, Vernier présidait ; juges, Bertrand ; Jacques *Bourgeois*, ancien avocat fiscal de la province de Savoie-Propre et plus tard sénateur au Sénat de Savoie ; Hyacinthe *Dubois* (4) ; procureur impérial,

H.-F. *Garin* — En 1815, Jacques *Delabeye* (8), présidait ; juges, Noël *Brunel* (18) ; François *Janin* (8) ; Claude-Humbert de Bracorens *de Savoiroux*, qui fut plus tard sénateur au Sénat de Savoie ; procureur du Roi, François *Gojon* (14).

A Moûtiers, les magistrats nommés en 1800 furent : Benoît *Fontanil* (3), président ; Joseph *Cartanas* (10) ; Jean-Marie *Durandard* (18) ; commissaire du Gouvernement, Jean-Marie *Abondance* (18). — En 1804, Maurice *Perrot* (29) avait remplacé Cartanas. — En 1814, Durandard présidait ; juges, *Albriel* et *Perrot* ; procureur impérial, Discret *Dufour*.

A St-Jean-de-Maurienne, les magistrats nommés en 1800 furent : Louis *Delabeye*, avocat de Chambéry, président ; Noël *Brunel* (18) ; Pierre-François *Constantin* (11) ; commissaire du Gouvernement, Catherin *Callier* (11). — En 1804, Pierre-Antoine *Albrieux* (18) avait remplacé Constantin, et le procureur impérial était Amédée *Garin* (6). — En 1814, Jean-Claude *Miège* avait remplacé Brunet.

35. — *Le Tribunal criminel du département*

Il siégeait à Chambéry et la loi du 18 mars 1800 l'avait composé d'un président et de deux juges. Les magistrats nommés en 1800 furent : Pierre-Louis *Filliard* (8) ; Jacques *Delabeye* (8) ; Jacques-François *Garel* (28) ; Commissaire du Gouvernement, Joseph *Bouvier* (11). — En 1804, pas de changement. — Ce tribunal disparut à la mise en vigueur du Code d'instruction criminelle en 1811.

IV. — Fonds judiciaires des Archives de la Savoie

Ces fonds comprennent un grand nombre de procédures et pièces diverses, qui ne sont pas classées encore, et des séries de jugements dont voici l'état sommaire :

Tribunaux de district (1793-an IV) : Chambéry, 23 registres — Moûtiers, 3 liasses (lacunes).

Tribunal criminel du département, siégeant à Chambéry (1793-an IV), 1 registre.

Tribunal civil du département, siégeant à Chambéry (an IV-an VIII), 51 registres.

Tribunal criminel du département, siégeant à Chambéry (an IV-an VIII), 7 registres.

Tribunal correctionnel de Moûtiers (an IV-an VIII), 2 registres.

Tribunal correctionnel de St-Jean-de-Maurienne (an IV-an VII), 2 registres.

Tribunal civil de Chambéry (an VIII-1815), 97 registres.

Tribunal civil de Moûtiers (an VIII-1814), 26 registres.

Tribunal civil de St-Jean-de-Maurienne (an VIII-1814), 14 registres.

Tribunal criminel du département, siégeant à Chambéry (an IX-1811), 6 registres.

TABLE

PREMIÈRE PARTIE

Formation, délimitation et subdivisions du département du Mont-Blanc

SECONDE PARTIE

Organisation administrative du département du Mont-Blanc

II. — *Période du Directoire*, 1795-1800

III. — *Période du Consulat et de l'Empire*, 1800-1814

IV. — *Organisation administrative en 1814 et 1815*

APPENDICE

Organisation judiciaire

I. — *Période de la Convention*, 1793-1795

II. — *Période du Directoire*, 1795-1800

III. — *Période de 1800 à 1815*

Imprimeries Réunies — Chambéry

www.ingramcontent.com/pod-product-compliance
Ingram Content Group UK Ltd.
Pitfield, Milton Keynes, MK11 3LW, UK
UKHW022140260726
13993UKWH00005B/2053

9 782329 202815